KB073731

외국인 친구와 함께하는

왕초보
영어 공부법

영어 친구도 사귀고, 영어 실력도 높이고!

외국인 친구와 함께하는
왕초보
영어 공부법

이소연Hailey 지음

윌링북스

Contents

Chapter 1　영어 쫄보 탈출 위밍업

01　영어 앞에서 우리는 왜 자꾸 작아지는가?

02　영어가 열어준 새로운 세상

03　영어 공부 핵심 포인트

Chapter 2 외국인 친구 사귀기 실전 가이드

01 외국인 친구를 사귀어봅시다!

02 외국인들이 이야기하는 진짜 한국은?

03 실전! 외국인 친구들과 본격적으로 어울려 놀기

04 외국인과의 연애, 그 실상

Chapter 3 · 30초가 3분이 되는 영어 대화의 기술

2020. Don't be a pussy!

매년 나는 새로운 표어를 정한다. 그 표어는 올해 내가 이루고 싶은 것들과 관련이 있어야 하고, 내 가슴을 흔들어놓는 말이어야 한다. 이런 문장들은 나도 모르게 찾아온다. 영화를 보다가, 책을 읽다가 혹은 외국인 친구들과 대화를 나누다가 문득 마음에 꽂히는 문장을 만나곤 한다. 이것도 그런 문장 중 하나였다. "겁먹지 마! 아니, 쫄지 마!! Don't be a pussy!"('pussy'는 그 자체로는 비속어라 절대 그냥 써서는 안 되는 단어지만, 앞에 Don't be가 붙으면 전하고자 하는 의미가 더욱 명확해져서 많이 쓰는 말이다.)

사실 이 말은 올해 내가 정한 나만의 표어일 뿐만 아니라, 스무 살 겨울 처음 제대로 영어를 공부하기 시작하면서 도전하는 삶을 살게 되었던 과거의 나에게 하는 말이기도 하다. 지난날의 나는 찌질하고 잘난 것 하나 없는, 존재감 없고 소심하고 조용한 사람이었다. 성인이 되어 떠났던 첫 해외여행에서는 오렌지주스를 달라는 얘기를 못해 손짓으로 물통을 가리켰고, 나만 영어를 못한다는 생각에 자책하며 아프다는 핑계로 집 안 방구석에 숨어 있기만 했다. 나에게 호감을 보인 외국인 친구 앞에서는 아무 말을 듣지도 못하고 하지도 못한 채, 그저 "YES"와 미소를 남발하며 가만히 서 있기만 했다. 영어를 못한다는 이유로 미국 중학생 동료들한테 단체로 인종차별을 당하면서도 그것조차 못 알아들어서 바보같이 웃고만 있었고, 같이 일하는 매니저는 나의 거지 같은 영어 실력을 알고는 항상 나를 '개무시'했다.

그런데도 나는 영어에 도전했다. 그냥 영어가 좋았다. 영어로 전 세계 어디에서나 소통할 수 있다는 사실이 너무나 매력적이었다. 그리고 영어로 인해 새롭게 열리게 될 지구별에서의 세상에 강한 호기심이 생겼다. 영어를 정말 잘하고 싶었다. 내 머릿속에 떠오르는 모든 감정과 문장들이 내 입을 통해 영어로 곧장 튀어나오는 기적이 일어나길 바랐다.

"소연아, 너를 보면 한국이 아니라 다른 세상에 살고 있는 것 같아. 한국에서 어떻게 그렇게 많은 외국인 친구들을 만나 영어를 하고 네가 좋아하는 재미있는 일들을 하면서 살아갈 수 있는 거야?"

지금의 나는 Korean Hailey(코리안 헤일리)라는 이름으로 도전하는 삶, 나를 더욱 사랑하는 삶, 남들이 보기에도 꽤 멋지고 행복한 삶을 살고 있다. 외국인 친구가 가장 많은 9년 차 영어 강사. 한국을 알리면서 전 세계 외국인 친구들과 소통하는 '국제문화교류가'. 내가 좋아하고 잘할 수 있는 두 가지 일, '영어'와 '문화교류'에 매진하며 매번 작은 순간마다 행복을 느낄 수 있게 되었다.

사실 한국에서의 영어 공부는 참 어렵다. 영어 문법을 아무리 잘

매년 외국인 친구들과 함께하는 크리스마스 홈파티

2018년
평창 동계올림픽

고궁에서
한복 입고 찰칵

인트로

안다고 해도 영어로 말 한 마디 못하는 경우가 많다. 토익 점수는 남 부럽지 않게 높지만, 외국인 앞에만 서면 심장이 벌렁거려 아무 말도 못하고 도망가는 경우도 있다. 매년 새해 목표로 영어 공부를 적고, 영어 학원도 가보고, 새로운 영어책도 사보지만, 매번 실패할 뿐이다. 영어책 한 권을 통째로 외우거나 쉐도잉(원어민들을 마치 그림자처럼 한 박자 정도 뒤따라가면서 그들의 말을 그대로 따라 하는 학습법)을 죽도록 하면 된다고들 하지만, 올바른 요령 없이 무작정 파고드는 방식으로는 영어 실력을 제대로 높일 수 없다.

나도 남들이 하는 대로 다양한 영어 공부법을 시도했었다. 어떻게 해야 할지 몰라 무작정 따라 해봤지만 모조리 실패했다. 그러다 결국 내가 찾아낸 가장 실질적이고 효과적인 방법은 '외국인 친구들과 교류하기'였다. 수많은 시행착오를 거치면서 나만의 방법으로 그들과 직접 소통하고 배우면서, 원어민들이 일상에서 쓰는 영어를 나도 말할 수 있게 되었다. 영어를 하는 게 좋아서 외국인 친구들을 만나다 보니, 전 세계에서 온 다양한 인종과 배경의 사람들과 특별한 우정을 나누고 그 모두를 이해할 수 있는 넓은 마음을 가지게 되었다. 그리고 전 세계를 무대로 지금도 새로운 꿈들을 꾸고 있다.

이번에야말로 영어를 정복해 한국뿐만 아니라 전 세계에서 꿈을 펼쳐보고 싶다면, 외국인 친구들과 소통하며 진정한 우정을 나누고 싶다면!

이 책에서 소개하는 완전히 새로운 영어 공부법에 도전해보자!

Chapter 1

영어 쫄보 탈출
워밍업

영어 앞에서 우리는
왜 자꾸 작아지는가?

그깟 영어가 뭐라고?!
_영어 쫄보들의 스토리

영어 수업을 시작하며 내가 꼭 물어보는 질문이 있다.

"영어 때문에 제일 '쪽팔렸던' 순간은 언제였나요?"

그러면 정말 신기하게도 학생들 모두가 그런 '쪽팔렸던' 순간들을 가지고 있고 그때 그 상황과 감정들을 상세하게 기억하고 있다. 흔히 들 경험하는 외국인 울렁증이나 서툰 발음으로 인한 당혹감은 말할 것도 없고, 영어 때문에 겪었던 진짜 절절한 사연들을 세세히 털어놓곤 한다.

건장한 청년의 서글픈 눈물

뮤지컬 배우로 활동하고 있는 A군. 엄청난 용기를 내어 태국으로 첫 해외여행을 가게 되었다. 혼자 떠나는 여행이라 두렵기도 하고, 배우 지망생 생활을 하며 공부와는 담을 쌓았던 터라 영어 한 마디 내뱉는 게 어려웠다고 한다. 너무 긴장하고 걱정해서인지 태국에 도착하고부터 아프기 시작했는데, 그냥 가벼운 정도가 아니라 혼자 감당할 수 없을 정도로 심하게 아팠다고 한다. 그렇지만 태국어는커녕 영어도 엉망이었기에 게스트하우스에서 같은 방을 쓰는 사람들이나 게스트하우스 주인에게 본인의 몸 상태를 제대로 전달할 수 없었다고 한다. 결국 아픈 몸을 이끌고 약국을 겨우 찾아 들어가, 미리 번역기로 번역해두었던 본인의 증상을 영어로 더듬더듬 말하며(사실은 스마트폰을 열심히 들이대서) 간신히 약은 받아왔다고 한다. 타지에서 고열로 온몸이 펄펄 끓고 있는데도 아프다는 말조차 제대로 못하는 자신의 처지가 너무 서글퍼서 게스트하우스 공용 샤워실에서 물을 틀어놓고 펑펑 울었다고 한다. 배우라는 직업에 걸맞게 잘생기고 다부진 몸을 뽐내는 남자 수강생이었는데, 그깟 영어가 뭐라고 영어 한 마디 못하는 자신의 초라한 모습에 한참을 엉엉 울었다고 한다.

두 시간의 하염없는 기다림

해외여행을 가면 영어를 쓸 수밖에 없는 상황이 많다. 특히 국가 간 기차 이동이 많은 유럽여행의 경우 각국의 언어를 하지 못하는 한 영어로 기차표 구입하기는 빼놓을 수 없는 마의 관문이다. 게다가 옛날 방식 그대로 한참을 줄을 서서 기다렸다가 티켓을 구입해야 하는 경우도 많다. 컴퓨터 프로그래머인 B양은 독일에서 기차표를 사야 했다. 줄이 어찌나 길던지 한 시간 동안 기다려 겨우 매표소 앞에 설 수 있었다. 본인 특유의 사투리화되어버린 악센트 때문이었을까 아니면 독일의 작은 도시에서 아시아인 혼자 영어를 해야 하는 환경 탓이었을까. B양은 본인의 영어를 못 알아듣고 자신의 발음들을 알아듣지 못하는 무섭기만 한 매표소 직원에게서 기차표를 살 수가 없었다. 기차표를 사려고 한 시간 넘게 기다렸음에도 B양은 뒤에 서 있는 엄청난 인파들이 신경 쓰이기도 했고, 커뮤니케이션이 아예 되지 않아 결국 빈손으로 그 자리를 뜰 수밖에 없었다고 한다. 그렇지만 어떻게든 기차표가 있어야 이동을 할 수 있었기에 다시 본인이 갈 곳의 정확한 스펠링을 확인하고, 이번엔 종이에 써서 보여주기로 했다. 그렇게 또다시 한 시간을 더 기다려 정말 간신히 기차를 탈 수 있었다.

왕초보보다 못한 영어 실력

미국에서 일을 하려면, 미리 미국 회사의 인터뷰 및 합격 절차를 거치고 한국에서 비자를 받아 미국으로 출국해야만 한다. 한국에는 이런 구직활동을 돕는 중간 에이전시들이 많은데, 엄청난 영어 왕초보가 아니라면 미국에서 일을 할 수 있게 도와준다. 미리 예상 답변과 필요한 영어표현들을 연습할 수 있도록 도와주기 때문에, 외워서 시험 보기에 특화된 한국인들은 꽤 높은 합격률을 자랑한다. 영어는 어떻게든 말할 수 있는 레벨이라고 생각했던 C군은 미국 인턴십에 도전하기로 했다. 스카이프로 인터뷰가 진행되기 이전에 C군 역시 예상 답변을 모두 암기해두었다. 그렇지만 실전은 달랐다. 정장을 입은 그 회사 담당자가 영어로 질문을 하는 순간, 머릿속에 외웠던 문장들은 모두 사라졌고, "Um……"이란 답변만 계속되는 가운데 정적이 흘렀다. 아무리 외운다고 한들 실전에 부딪혀보니 다르다는 걸 그때서야 깨달았다고 한다. 혹시 몰라 노트북 옆에 답변을 적어둔 터라 눈은 자꾸만 옆으로 향했다. 이를 알아차린 담당자는 왜 자꾸 다른 곳을 보고 있냐면서 본인을 보고 인터뷰에 응해주기를 요청했다. 어찌어찌 인터뷰를 마쳤던 C군. 결과는 역시나 불합격이었다. 에이전시에 돈만 내면 거의 합격을 시켜준다는데, 본인의 형편없는 영어 실력 탓에 인생계획이 틀어져서 너무 서글퍼졌다. C군은 방 안에서 숨죽여 한참을 울었다고 한다. 자신에게 기대를 걸고 있는 부모님 생각이 나서, 그리고 미국 생활을 꿈꿨지만 영어가 부족해 포기할 수밖에 없는 자신의 처지가 자꾸 떠올라서.

나도 모르게 진단된 임신한 언어 장애자

함께 스페인에서 어학연수를 했던 대학교 친구 D양. 유명 관광지에 놀러갔다가 찰과상을 입게 되었다. 스페인의 건물들은 대개 수백 년도 더 된 오래된 것들이라 파상풍에 걸릴 위험이 있다는 말에 D양은 곧바로 근처 병원을 찾았다. 전 세계 의사들은 어느 정도 영어는 다 할 수 있다는 말을 들었던 터라 담당 의사에게 영어로 자초지종을 전달하기로 했다. D양은 영어사전에서 중요한 단어들을 미리 찾아놓고 더듬더듬 본인의 상태를 설명했다고 한다. 교통시스템이나 인터넷이 낙후한 스페인 시골지역에서 진료를 받고 병원을 나와 길을 잃고 헤매다 스페인 노부부의 도움으로 집에도 겨우 도착할 수 있었다. 그런데 집에 돌아와 한숨을 돌리고 보니 병원에서 의사소통이 어설펐던 탓에 제대로 확인하지 못한 것들이 자꾸 떠올랐다. 본인의 상태가 정확히 어떠한지, 특히 의료비가 더 부과되는 건 아닌지 너무나 걱정되고 궁금했던 D양. 결국 나와 나의 스페인 친구와 함께 다시 병원을 찾아갔다. 스페인 친구가 스페인어로 간호사에게 물어 그 당시의 진료 기록을 자세히 확인할 수 있었는데, OH MY GOD! 결과는 충격적이었다. 의사의 코멘트가 달려 있었는데, 그 내용은 이러했다.

'임신하셨나요?'

'언어 장애가 있나요?'

이런 영어 질문들을 알아듣지 못하고 모두 YES라고 대답했던 D양은 본인도 모르는 사이에 임신한 언어 장애자가 되어 있었다.

많은 이들이 영어 때문에 갖가지 곤란한 상황에 처하곤 한다. 그때의 '쪽팔림'과 당혹감이란! 쥐구멍이라도 있다면 냉큼 뛰어 들어가고 싶을 때도 있다. 그럼에도 중요한 건 그 순간이 언제인지 기억해보고 생생하게 그 감정을 다시 소환해보는 거다. 그러면 알 수 있다. 내가 왜 영어를 하고 싶은지, 왜 영어를 잘하고 싶은지, 그리고 그 창피했던 기억을 어떻게 극복해야 할지를.

> Q. 영어 때문에 쫄아본 경험, 혹은 영어를 하다가 제일 쪽팔렸던 적은 언제인가요?

불과 10년 전,
나의 영어 '흑역사'

오렌지주스 주세요!

나는 고등학교 때까지 영어와 아무런 관련이 없었다. 딱히 좋아하거나 잘하는 게 없었던지라 대학 진학 시점에 전공을 무얼 선택해야 할지 막막했다. 결국 수능성적에 맞춰 가장 무난해 보이는 영어영문학과에, 정말이지 아무런 생각 없이 들어가게 되었다.

영문과에 들어가서는 학생들이 크게 두 부류로 나눠진다는 데 깜짝 놀랐다. 한 부류는 영어권 나라에서 태어났거나 오랫동안 살다온 해외파 출신이거나 어렸을 적부터 영어교육을 제대로 받아서 영어를 술술 말하는 그룹이었다. 그리고 또 다른 그룹은 나처럼 수능점수에 맞춰 어영부영 영문과에 들어온 친구들이었다. 이 친구들은 전공과목 중에서 '영어회화'나 '영어토론' 같은 영어를 직접 사용하는 과목들보다는 '영어음성학'이나 '영어문학'과 같은 암기력으로 승부할 수 있는 과목들만 골라 듣곤 했다. 영어회화에서 C⁺를 받았던 나는 당연히 두 번째 그룹의 친구들과 더 많이 어울려 다녔다.

신입생 때는 정말 아무 생각 없이 놀기만 했다. 그러다가 나도 나름 영문과 학생인데 영어권 나라에 한번 가봐야 하지 않겠나 하는 생각이 들었다. 완전한 영어권 국가로 가자니 뭔가 무서운 마음이 들어서 그나마 만만한 필리핀을 택했다. 필리핀에 갈 수 있는 방법을 찾아보다가 당시 매일같이 드나들던 다음 카페에 소개된 '워크캠프 기구'를 알게 되었다. 전 세계 지원자들과 함께 국제 봉사활동을 할 수 있는 프로그램이 있었고, 외국인 친구들을 만나볼 수 있는 좋은 기회일 것 같아서 겨울방학이 시작되자마자 열리는 3주짜리 일정에 지원했다.

국제 봉사를 하러 필리핀 올랑고 섬으로 가는 길. 그건 내 인생에서 해외로 나가는 첫 비행기 여행이었다. 비행기 탑승 뒤 드디어 운명의 순간이 왔다. 바로 음료 주문하기! 무엇을 마시겠느냐는 승무원의 질문에 나는 혹시나 알아듣지 못할까 봐 한 글자씩 또박또박 "오렌지주스"라고 말했다. 그러나 승무원의 반응은 "Sorry?"였다. 나는 빨개진 얼굴을 부여잡고 다시 "오렌지주스"라고 말했지만 승무원은 역시나 못 알아듣겠다는 표정을 지었다. 너무나도 부끄러웠던 나는 손가락으로 물을 가리키며 "워터"라고 말했고, 결국 마시고 싶던 '오렌지주스'는 그대로 슝-하고 지나가고 말았다. 한참이 지나서야 알게 된 사실이지만 '오렌지'는 한국식 발음 그대로가 아닌 '어륀지'라고 해야 네이티브 식으로 말할 수 있다는 것이다. 이 충격적인 사건은 내 영어를 아무도 알아듣지 못한다는 걸 처음으로 몸소 실감했던 엄청난 사건이었다.

파티에 가면 뭐하나?! 어울려 놀지도 못하는데!

'어륀지' 사건 이후 나는 본격적으로 영어회화 공부를 시작했다. 필리핀에서 겪었던 수모를 다시는 겪고 싶지 않았기 때문이다. 그러던 중 정말 우연히 미국에 갈 수 있는 기회가 생겼다. 아빠가 회사에서 지원해주는 대학원 수업을 듣고 계셨는데, 그중 딱 한 학기를 미국 캘리포니아 샌디에이고에 있는 UCSD에서 공부하게 된 것이다. 아빠는 가족 모두와 함께 가기로 결정했고, 그렇게 우리 가족은 급작스레 5개월간 캘리포니아 생활을 하게 되었다.

나는 전부터 혹시라도 미국에 가게 되면 꼭 해보고 싶었던 게 몇 가지 있었다. 그중 하나가 바로 영화에서 보았던 이국적인 파티에 참석하는 것이었다. 드디어 나에게도 기회가 왔다! 어학원에서 알게 된 중국인 친구 한 명이 자신이 초대받은 파티에 함께 가자고 했던 것이다. 백인 미국인 친구가 여는 생일파티였는데, 그래서 그런지 그곳에서 나는 유일한 한국인이었고 의외로 많은 관심을 받았다. 당시는 이제 막 영어로 입을 떼기 시작했던 터라, "Hi, my name is Soyeon. I'm from Korea"만 열심히 반복하고 있었는데 한 백인 남자가 내가 맘에 들었는지 계속 말을 걸었다. 그 친구는 한국인이랑 처음 이야기해본다면서 궁금한 것들을 계속 물어왔다. 나는 그럴 때마다 그냥 짧게 "Good" 혹은 "So so"라고 눈치껏 대답했고, 잘 알아듣는 척을 하느라 그냥 연신 웃음만 날렸다. 사실 딱히 하고 싶은 말도 없었다. 그 친구가 하는 말을 하나도 이해하지 못했기 때문이다. 그 사실을 숨기기 위해 나름 끄덕끄덕, 미소만 계속 짓다가 "Bye"를 외치고 헤어졌다. 아무 말도 하지 못하고 바보같이 웃기만 하는 내가 그렇게 답답하고 창피할 수가 없었다.

샌디에이고 라호야비치

샌디에이고 Adult School 핼러윈 파티

내 영어 실력이 이 정도였다니!

외국에서 한국인 커뮤니티는 참 대단하다. 각종 좋은 정보를 서로 공유할 수 있는 아주 유익한 공간이다. 미국에 있을 때 나 역시 그곳을 통해 고급 정보를 입수했다. 바로 샌디에이고에 어덜트스쿨Adult school이라는 이민자들을 위한 무료 학교교육 프로그램이 매일 저녁 있다는 것이었다. 마침 학기를 시작하기 직전이라 곧바로 학교에 방문했더니 레벨 테스트를 봐야 한다고 했다. 기초적인 단어들을 매칭하는 페이퍼 테스트와 선생님을 만나 몇 문장 말하면 되는 간단한 스피킹 테스트였다. 한국에서 보던 어려운 영어 시험들에 익숙했던 나는 자신만만해하며 테스트를 치렀다. 다음 날 배정된 반으로 갔는데 뭔가 이상했다. 나이 지긋하신 아주머니들이 가득하고, 칠판에는 알파벳이 한가득 쓰여 있는 게 아닌가. 알고 보니, 나는 스피킹 테스트에서 빵점을 받아서 ABC부터 배워야 하는 가장 낮은 반에 배정되던 것이다. 엄청난 충격이었다. 내 스피킹이 이 정도였다니!

한번은 이런 일도 있었다. 내가 용기 내어 물어본 "Where are you from?"에 대한 답변으로 'Georgia'에서 왔다는 미국인 친구의 말을 듣고는 진짜 유럽에 있는 조지아에서 온 줄 알고 지냈다. 그런데 몇 달이 지나서 알고 보니 사실 그 친구는 미국인이었다. 미국 친구들은 어디 출신이냐고 물어보면 자신의 출신 주를 말한다. 즉 그 친구는 미국 조지아 주 출신이라고 말한 거였다. 창피했다.

또 한번은 이런 일도 있었다. 스마트폰이 흔치 않던 그 시절, 전화 통화와 문자만을 하기 위해서 전화번호를 교환하는 일이 많았다. 그

샌디에이고 코로나도 섬

샌디에이고 올드타운

런데 한 친구에게 용기를 내어 전화를 할 때마다 본인이 할 말만 하고 갑자기 조용해지다 전화가 끊기곤 했다. 도통 이해 못할 일이었는데, 나중에 알고 보니 미국인들은 자동응답시스템을 애용하고 있었다. 그 친구도 자기 할 말만 했던 게 아니라 실은 '지금 전화를 받을 수 없으니 메시지를 남겨줘'라고 했던 것이다. 자동응답기에 녹음된 그 말을 이해하지 못했던 나는 기계에 대고 계속 "Hello"만 외치며 마냥 답답해했다.

더럽고 치사해서라도 그까짓 영어 완벽히 마스터해주마!

샌디에이고에서 한국으로 돌아오는 비행기 안. 미국에 다시 가게 해달라고 간절히 기도했다. 그리고 그 기도는 6개월 만에 이루어졌다. 미국에 갈 기회를 찾던 중 미국에서 인턴십을 할 수 있는 프로그램이 있다는 걸 알게 되었다. 그 기회를 살려 동부 펜실베이니아 주에서 라이프가드로 일하게 되었다. 하지만 그때까지도 내 영어 실력은 형편없는 수준이었다. 그도 그럴 것이, 애초에 내 영어 실력은 미국에 겨우 5개월 있었던 걸로는 결코 커버할 수 없을 정도로 밑바닥 수준이었기 때문이다.

이곳에서도 영어는 줄곧 내 발목을 잡았다. 미국에서는 정규 시간의 일이 끝나고 추가 작업이 있을 때 항상 직원의 동의가 필요했는데, 나는 Yes, No 답변도 제대로 못해 원치 않는 추가 작업을 하기도 했다. "Do you mind working more today?(오늘 일을 좀 더 하고 가면 안 되겠니?)"라는 미국인 관리자의 물음에, 너무 힘들어서 집에 가고 싶다

Chapter 1 영어 쫄보 탈출 워밍업

펜실베니아 주 Allentown, Wild Water Kingdom 라이프가드 시절

는 뜻으로 "No"라고 답했는데, 알고 보니 반대로 대답해야 했던 것이다. 영어에 능통했다면 그런 뜻이 아니었다며 상황을 바로잡았을 테지만, 영어에 자신이 없던 나는 그냥 묵묵히 추가 작업을 할 수밖에 없었다. 게다가 나는 계속 반대로 대답해왔다는 걸 한참 뒤에야 깨달았다.

같이 일하는 친구들 중에는 미국 중학생들도 있었는데, 나이도 한참 어린 것들이 내가 영어를 못한다는 이유로 이상한 질문을 해대며 놀리곤 했다. 그리고 명찰에 쓰여 있던 내 이름 'Soyeon'이 발음하기 어렵다면서 'Soy bean', 즉 '메주콩'이라는 별명으로 나를 부르기 시작했다. 나는 이런 일들을 겪으면서 마음속으로 각오를 다졌다. '더럽고 치사해서라도 그까짓 영어 완벽히 마스터해주마!'라고.

영어 쫄보 극복하기 마인드셋

영어를 하는 건, 새로운 언어를 배운다는 건 누구에게나 어렵다. 어렸을 때부터 자연스럽게 영어를 쓰는 환경이 아니었다면, 누구에게나 이런 실수들이, 아니 쪽팔린 순간들이 있기 마련이다. 내 수업을 듣는 수강생들도 하나같이 그런 절절한 사연들을 털어놓았고, 스무 살이 넘어 처음 제대로 영어 공부를 시작했던 나에게도 그런 경험들이 참 많았다.

고궁 앞에서 한복 입고 한 컷

　여기서 중요한 건 그 사건을 어떻게 받아들이는가에 따라 영어 실력이 확연히 달라질 수 있다는 것이다. 우선, 이런 부정적인 경험들로 인해 영어를 멀리하는 사람들이 있다. 이런 창피했던 경험, 영어 쫄보였던 경험을 바탕으로 '역시 나는 영어가 안 맞아. 앞으로는 절대 영어 안 해!'라면서 본인에게 주어진 영어와 관련된 모든 기회들을 의도적으로 회피하는 부류다. 그러다 영어를 완전히 포기하게 되고, 외국인 울렁증은 더욱 심해져 영어로 말 한 마디 내뱉지 못하는 지경에 이르게 된다.

　반면 이런 경험들을 영어를 정복하기 위한 모티베이션으로 삼는

덕적도 캠핑

필리핀 보라카이 펍크롤
Pub Crawl

국악공연 관람

Chapter 1 영어 쫄보 탈출 워밍업

사람들도 있다. 영어 때문에 당해야 했던 억울함과 분함을 다시는 겪지 않겠다고 굳게 마음먹고 영어 공부에 더욱 매진하는 사람들이다. 그렇게 꾸준히 영어 공부를 하다 보면 어느 순간 영어가 한 마디씩 트이게 되고, 그게 또 재밌어서 영어를 계속 하게 되고. 이런 순간들이 반복되다 보면 어느 순간 영어를 자연스럽게 술술 말하는 새로운 나를 만나게 된다. 영어로 인해 쪽팔렸던 그 순간들이 오히려 좋은 자극제가 된 경우들이다.

나 역시도 영어 때문에 창피한 순간들을 겪을 때마다 '앞으로 절대 이런 굴욕은 당하지 않으리!' 다짐하면서 더욱 영어 공부에 매달렸다. 한 번 배운 단어나 특유의 악센트, 내가 못 알아들었던 영어표현은 절대 까먹지 않으려 노력했다. '그때 이렇게 말할걸' 하고 후회했던 표현들도 잘 기억해두었다가 꼭 써먹었다. 언젠가는 머릿속에 떠오르는 생각들을 그대로 거침없이 술술 말하는, 영어를 잘하는 내 모습을 끊임없이 상상하며 되든 안 되든 영어를 계속 해나갔다. 그랬더니 지금의 내가 되어 있었다. 아니, 지금도 매일 조금씩 더 나아지고 있다.

영어와 친해지면 신기한 경험들을 하게 된다. 전 세계가 나의 무대가 된다. 여행을 가도 현지인들과 더 많이 소통할 수 있고, 이를 통해 이전에는 알지 못했던 그 나라의 새로운 모습을 만나게 된다. 외국인 친구들과 마음껏 어울려 놀 수 있고, 전 세계를 무대로 활동하는 나의 모습을 꿈꾸게 되기도 한다. 본인은 한국에만 있을 거니까 절대 영어를 쓸 일이 없다고? 그렇지 않다. 우리는 코로나 시대를 겪으며

한국을 알리는 유튜브 영싱 촬영 중

UAE 아랍에미리트
친구들과 티타임

여수 오동도
여행

더욱 글로벌화되어가는 세상을 확인했고, 이는 내가 멀리한다고 해서 피할 수 있는 대상이 아니라는 걸 깨닫게 되었다.

영어를 잘하고 싶다면 지난날의 아픈 기억을 모티베이션으로 잘 이용해보자! 영어에 대한 두 가지 태도 중 내가 어떤 선택을 하느냐에 따라 나의 영어 실력이 결정될 수 있다. 여러분도 영어로 누릴 수 있는 새로운 세계를 꼭 경험해봤으면 좋겠다. 그 여정에서 내가 안내자이자 든든한 조력자가 되어줄 테니 말이다.

영어가 열어준
새로운 세상

'국제문화교류가'가
되기로 결심하다

글로벌 사회가 되면서 외국 문화를 접하는 게 전혀 어색하지 않아졌다. 문화와 글로벌화에 관심이 많았던 나에게, 어느 날《글로벌 코드》책 속의 문장들이 마음속에 들어왔다. 어떤 사람을 설명하고 있었는데, 그 특징들은 다음과 같다.

1. 새로운 유형의 세계 시민을 대표한다.
2. 자신의 고향에 강한 연대감을 느끼면서, 동시에 여러 대륙에 걸쳐 살아가고, 또 자주 여행을 다닌다.
3. 이들은 언제, 어디서나 서로 교류할 수 있는 첨단 커뮤니케이션 장비를 갖추고 세상 모두에 대한 지속적인 접근을 중요한 과제로 삼는다.
4. 지식을 얻기 위해 여행에 열광한다. 그들은 자신들만의 라이

러시아 친구 Aysa 생일파티 중

프스타일을 통해 멋지고 다양한 경험을 한다. 국가마다, 문화마다, 서로 다른 독특한 의식과 일 처리 방식을 여행을 통해 배우고 자신만의 지식으로 만든다.

5. 그들은 쉽게 문화를 말하고, 자주 여행을 다니고, 다양한 언어를 구사할 줄 알고, 여러 국가에서 일하고 거주한 경험이 있으며, 문화적 변화에 쉽게 적응한다.

이런 특징을 지닌 사람을 '글로벌 노마드Global Nomad' 혹은 줄임말로 '글로마드Glomad'라고 부른다고 한다. 그런데 신기하게도 모든 특징들이 나에게 꼭 들어맞았다. 그때부터 나는 나를 소개할 때 '글로마드'라고 말하기 시작했다. 그리고 문화교류 활동을 하는 나에게 사람들

여주 세종대왕축제 기이드 중

An authentic Korean experience
with Seoul Joa

한강 치맥 교류모임

Chapter 1 영어 쫄보 탈출 워밍업

은 '국제문화교류가'라는 명칭을 붙여줬다. 어떻게 나는 나를 이렇게 정의할 수 있게 되었을까? 사실 내가 한 일이라고는 별것 없었다. 어느 날 갑자기, '국제문화교류가'가 되기로 결심한 것뿐이었다.

포기와 실패의 연속
-과거의 나

잘난 것 하나 없이 '찌질했던' 지난날들. 몇 년 전까지만 해도 나는 무엇 하나 특별한 것 없던 나 자신을 참 미워했다. 내가 하고 싶었던 멋져 보이는 일들에 비해 내 스펙은 한참 떨어졌고 구체적인 꿈이나 자신감 하나 없는 자존감이 무척 낮았던 나였다. 여행을 좋아하긴 했지만 그렇다고 세계여행가들처럼 몇 십 개의 나라들을 가본 것도 아니었다. 영어를 좀 하긴 하지만, 막상 원어민이나 교포를 만나면 쫄기 일쑤였고 나보다 영어를 잘하는 사람들은 언제나 넘쳐났다.

어렸을 적, 어린이 신문에서 우연히 본 통역가가 멋져 보여 통역가가 되겠다는 꿈을 가졌다. 그렇지만 중학교 첫 영어시험에서 처참한 점수를 받아들고는 곧바로 그 꿈을 접어버렸다. 반기문 전 UN 사무총장을 보면서 나도 UN에서 일하고 싶다는 생각을 했지만, 꿈도 꿀 수 없는 일인 것 같아 지레 겁먹고 아예 시도도 안 했다. 대학교에 진학할 때는 국제통상학과와 같은 전공을 택하고 싶었지만 내 수능점수로는 턱도 없었다. 외국인 친구들과 교류가 많은 모교의 국제교류원에서 인턴을 모집했다. 2명을 모집했는데 단 3명만 지원했고 2명이 붙었다. 떨어진 한 명이 나였다. 친구의 친구 집이었던 캐나다 대사관에서의 생활 모습을 접하고, 매번 새로운 나라와 도시에서 멋진 일을 하는 외교관이 되고 싶었던 적도 있었다. 그렇지만 지극히 평범한 나 같은 아무나가 그런 대단한 일을 할 수 있을 리 없다는 생각에 또 포기했다. 과거 내 인생은 정말 포기와 실패의 연속이었다.

도전하는 나
-닥치고 영어!

필리핀으로 향하는 비행기에서, 그리고 짧은 미국 생활에서 영어 때문에 굴욕을 맛보고 나서 기필코 영어를 잘해야겠다고 굳게 다짐했다. 그리하여 대학교 2학년 때 처음으로 영어회화를 본격적으로 공부하기 시작했다. 중고등학교 때처럼 문법을 외우고 어려운 독해에 매달리고 싶지는 않았다. 일단 영어회화에만 포커스를 맞추니 뭔가 마음은 편해졌다. 영어회화 책도 사고 원어민이 진행하는 영어회화 학원 아침반에도 등록했다. 그런데 평소 부끄러워서 말도 잘 못하고 심지어 영어로는 나서서 말할 엄두를 내지 못하는 나에게 영어회화 학원은 잘 맞지 않았다. 어쩌다가 겨우 내 차례가 와도 한 마디 간신히 하고 마는 식이었다.

한번은 이런 일도 있었다. 나는 당시 미드에 나오는 표현들을 정리해놓은 영어책을 암기하던 중이었는데, 그 책 첫머리에 나오는 표현을 기억해두었다가 써먹기로 했다. 'the apple of my eye(가장 소중한 것)'라는 표현이었다. 내 차례가 되어 그 말을 하자 원어민 선생님이 잘못 알아듣는 게 아닌가. 몇 차례 더 말했지만 계속 못 알아듣는 듯해서 결국 스펠링을 써서 보여주었다. 그랬더니 하는 말이 그런 표현은 실제로 잘 쓰지 않는단다. 또다시 충격이었다. 나름 베스트셀러로 유명했던 책이라 달달 외우는 중이었는데 원어민들은 그런 표현을 잘 쓰지 않는다니. 서점에 있는 모든 영어회화 책들에 회의감이 들었다. 그 뒤로 인터넷 강의도 들어보고 다른 영어책도 사보고 나름 열심히 공부했지만, 나 혼자 하는 영어회화는 꾸준히 할 수도 없었고 실력도 나아지지 않았다.

그래도 어찌되든 그 상황에서 내가 할 수 있는 건 최대한 다 해보기로 했다. 일단 대학에서 외국인 교수님들과 외국인 친구들을 만날 수 있는 '글로벌라운지'라는 곳에 무작정 찾아갔다. 친구 하나 없이 혼자 들어가서는 영어도 못하면서 죽치고 앉아 있자니 얼굴이 화끈거렸고 엄청난 용기가 필요했다. 처음엔 그 건물 입구에서만 서성거리다 오기도 했고, 다시 용기를 내어 들어가서도 입도 못 떼고 돌아오는 날도 많았다. 하지만 한 마디씩 던지다 보니 떠듬떠듬 커뮤니케이션이라는 것을 할 수 있게 되었다. 그리고 궁금한 것도 없으면서 괜히 외국인 교수님을 찾아가 실없는 질문들을 하기도 했다. 학교에서 우연히 만난 외국인 친구들에겐 한 번이라도 말을 더 걸어보고 같은 대학교 학생으로서 잘해주려고 애썼다. 그때 내가 할 수 있는 것

대학생 시절. 외국인 교환학생들을 도와주는 Buddy 프로그램 중

강화도 분교수업을 같이 했던
동료 교사들과

친구들과
브런치 타임

　　　　　　　　　　　　　　Chapter 1 영어 쫄보 탈출 워밍업

들이라곤 정말 누구나 할 수 있는 작은 일들뿐이었다. 그런데 신기하게도 이런 작은 일들을 여러 개 하고 나자 다른 더 큰 일에 도전할 수 있는 힘이 절로 생겨나는 듯했다.

그러다 우연히 HOPE라는 외국인이 운영하는 봉사단체를 알게 되었다. 그곳에서 뇌성마비 장애를 가진 어린 친구들에게 중국계 미국인 친구와 함께 영어를 가르치는 봉사를 했다. 돈을 받는 것도 아니고, 집에서 1시간이나 떨어진 복지관에서 뇌성마비 친구들을 만나야 하는 힘든 일이었다. 그렇지만 거기서 만난 외국인 친구들은 한국에서의 영어봉사에 관심이 많은 착한 친구들이었고, 그들과 소통할 수 있는 게 좋았다.

한국에서 여행 중인 외국인들과 한국인들을 매칭해주는 가이드 사이트가 있다는 것도 알게 되었다. 돈을 받는 일은 아니었지만, 새로운 외국인 친구들에게 한국을 소개해줄 수 있어 좋았다. 동남아 친구들이 훨씬 많아 영어가 서로 어려웠다는 점과 나중에는 내가 가이드를 해주기 위해서 그 단체에 돈을 많이 내야 한다는 걸 알고는 그만둬야 했지만 말이다.

또 한번은 TALK라는 대학교 장학생을 뽑는 기사를 봤다. 외국인 친구와 팀을 이루어 분교에 가서 팀티칭을 하는 프로그램이었다. 돈도 조금 받을 수 있고, 무엇보다 외국인과 함께할 수 있다는 게 좋았다. 강화도 버스터미널까지 한 시간 걸려 도착하고, 또 거기서 한 시간에 한 대밖에 없는 버스를 타고 들어가려면 왕복 4시간이 걸리는 곳이었지만 참 좋았다. 그곳에서 내가 가르치는 걸 좋아한다는 것을,

그 속에서 느끼는 희열을 즐기고 있다는 것을 깨달았다. 함께 일했던 친구와는 아직도 친하게 지낼 정도로 분교에서의 특별한 기억들이 많다.

처음엔 대학생이라는 신분으로 내가 할 수 있는 정말 작은 일들을 했었다. 약간의 용기와 노력만 들이면 얼마든 가능한 일들이었다.

외국인 친구 사귀기가 제일 쉬웠어요!

대학교를 졸업하고 내가 처음 했던 일은 어학원에서 영어강사로 일하는 것이었다. 가끔 원어민 선생님들을 볼 수 있었는데, 그중에서 특히 한국에 온 지 얼마 되지 않았던 Emily와 친해졌다. 그 친구 덕분에 다른 외국인 친구들을 알게 되고, 또다시 그들의 다른 친구들을 알게 되었다. 외국인 남자 친구를 만나면서 그가 속해 있는 커뮤니티의 다른 외국인 친구들도 많이 만나게 되었다. 친구의 친구들을 알고 지냈을 뿐인데, 금세 외국인 친구들이 많아졌다.

그러던 어느 날, DID 송수용 대표님께서 자신의 사무실에서 외국인 교류모임을 해보는 게 어떻겠냐고 제안을 해주셨다. 모임 기획이나 진행이라고는 하나도 몰랐지만 일단 그러겠다고 했다. 첫 교류모임의 참석자 수는 손에 꼽힐 정도로 적었지만, 그 처음이 있었기에 지금도 꾸준히 교류모임을 할 수 있게 되었다.

서울 성곽
하이킹 중

풀파티 POOL PARTY

TV에서 외국인들을 많이 볼 수 있게 되었지만, 피상적인 이야기들만 하는 게 맘에 들지 않았다. 그래서 그들이 한국에 대해 진짜로 어떻게 생각하는지 영상과 글로 남기기 시작했다. 많은 뷰와 검색사이트 메인 노출은 물론, 방송국에서도 연락이 오기 시작했다. 또한 에어비앤비AirBnb 트립이 한국에 런칭된 지 얼마 안 되었을 때, 그곳 매니저가 나의 활동을 눈여겨보다가 나에게 트립 호스트로 지원해보는 게 어떻겠냐고 제안했다. 에어비앤비를 통해서 내가 원하는 투어를 만들고 기획하고 돈도 벌 수 있는 재밌는 일들을 할 수 있었다.

누구나 '국제문화교류가'가 될 수 있다!

처음엔 외교관이나 통역가 등 어떤 직함이 있는 엄청난 일들을 하고 싶었지만, 누구나 할 수 있는 쉬운 일이 아니라는 걸 알고 높은 벽 앞에서 포기해야만 했다. 잘난 것 하나 없었던 내가 할 수 있는 일이라고는 이런 나를 원망하고 그 자리에서 좌절하는 것뿐이었다. 그렇지만 나는 거기서 내가 할 수 있는 정말 사소하고 작은 일들을 했다. 신기하게도 그 작은 일들이 모여서 조금 더 큰 일들을 할 수 있는 원동력이 되어주었다. 그런 일들이 모여서 조금 더 크고 멋진 일들을 할 수 있도록 이끌어줬다. 내가 했던 일이라곤 정말이지, 어느 날 '국제문화교류가'가 되기로 결심하고, 나를 그렇게 불러주기 시작한 것

한강에서 즐기는
'치맥' 파티

Beats 국제행사
스텝 참여

국제행사
스텝 참여

뿐이었다.

어떤 멋진 일을 하기 위해서 높은 직함을 가진 그 자리에 내가 꼭 있어야만 하는 것은 아니다. 내가 그랬듯이, 내가 나를 어떻게 평가하고 대해주는지에 따라서 나의 가치가 결정된다. 남들이 뭐라고 하든지 환경이 어떠하든지 상관없다. 내가 나를 어떻게 정의하는지에 따라 나의 운명이 바뀔 수 있다. 당신은 글로마드인가? 아니면 글로벌 노마드를 꿈꾸고 있는가? 지금 있는 그곳에서 당장 할 수 있는 일을 찾아서 해보자. 어느 자리에 있든, 해외에 한국을 알리고 있으며 외국인들과의 문화교류가 있다면 누구나 자신을 '국제문화교류가'라 정의할 수 있다. 나의 경험들을 토대로 확신한다!

영어 공부
핵심 포인트

영어 공부
이렇게 해보세요!

한국에는 영어와 관련된 책과 영상, 영어 학원과 강의들이 참 많다. 다들 이것만 하면 된다고, 이렇게만 하면 원어민처럼 말할 수 있다고 힘주어 외치지만 수많은 시행착오를 겪어본 우리들은 잘 안다. 이 또한 상술일 뿐이라고. 그렇지만 혹시 이번은 다르지 않을까 하며 또 다른 교재, 동영상, 학원에 발을 들이며 다시 영어 정복이라는 목표를 다진다. 그래도 역시나 지난번과 같은 결과다. 매번 똑같은 실망스런 결과가 반복된다면 접근법을 확실히 바꿔보는 게 좋지 않을까. 여기에 영어를 잘하기 위한 맞춤형 영어 공부법 네 가지를 소개하려고 한다. 내가 직접 해보고 스스로 효과를 확인한 방법이자, 주변 지인들과 내 강의를 듣는 분들께 적극 추천하는 방법이다.

먼저, 내가 좋아하는 것들을 찾아보는 것이다. 내가 원래 좋아하고 재미있어하는 건 누가 등 떠밀지 않아도 평소 너무나 당연하게 하고 있을 것이다. 내가 진짜 좋아하는 게 무엇인지, 그리고 그걸 어떻게 하고 있는지 잘 생각해보자. 그리고 그 좋아하는 것들을 영어 버전으로 바꾸기만 하면 진짜 재미있는 영어 공부가 시작된다.

음악 듣기를 좋아한다면 팝송을 더 들으면 된다. 영화 보기를 좋아하면 나의 '최애' 영화 한 편을 모조리 외우고 연기까지 하면서 제대로 정복해보자. 독서를 좋아하는 사람이라면 자기가 진짜 좋아하는 책을 영어 원문판으로 읽어보자. 유튜브 영상 보기를 좋아한다면 영어자막이 있는 영상을 본다거나 영어 방송을 찾아서 보자. 넷플릭스 보기가 취미라면, 구글 크롬에서 넷플릭스 방송을 영어 자막으로도 볼 수 있는 프로그램을 다운 받아서 영어를 항상 확인해볼 수도 있다. 인스타그램을 즐겨 한다면 해외계정을 더 많이 팔로우하는 것도 좋다. 영어 공부를 꾸준히 재미있게 하려면, 이렇게 자신이 좋아하는 것들을 영어 버전으로 바꿔서 즐기기만 하면 된다. 본인이 평소 좋아하는 활동들이기에, 작심삼일로 끝나지 않고 꾸준히 할 수 있다는 장점이 있다.

두 번째는 나의 모든 환경을 영어로 바꿔보는 것이다. 우리가 영어를 배우기 위해 해외로 나가는 이유는 단 하나다. 내가 원하든 원치 않든 주변 환경이 모두 영어로 바뀐다는 것이다. 물론 영미권 국가에 오래 살았어도 영어를 잘 못하는 이민자들을 간혹 볼 수 있는데, 이는 바뀐 환경에 적응하려 애쓰는 게 힘들어서 그냥 한국에서의 환경 그대로를 유지해왔기 때문인 경우가 많다. 이를 통해 우리는 영어 환경이 얼마나 중요한지를 알 수 있다.

우리는 한국에서도 '의도적으로 영어 환경을 만들어' 영어를 쉽게 접하고 공부할 수 있다. 습관적으로 틀어놓는 모든 영상을 영어로 바꿔보자. 들리든 안 들리든, 영어가 어디서나 흘러나오게 영어 팟캐스트나 영어 방송을 계속 틀어놓자. 컴퓨터 첫 화면이나 휴대전화 설정을 영어로 바꾸어놓는 것도 도움이 된다. 설정 자체가 영어이기 때문에 휴대전화를 들여다볼 때마다 자연스레 공부가 이루어진다. 구글의 영어 보이스 검색이나 애플의 음성인식 서비스 'Siri'에게 영어로 질문하며 대화를 이어나갈 수도 있다. 즉 내가 일상적으로 하던 모든 것들을 영어화시키는 것이다. 때로는 외국인들이 많은 곳에 직접 가보는 것도 도움이 된다. 이태원보다는 해방촌에 가는 걸 추천한다. 그곳은 실제로 외국인들이 많이 거주하고 있기도 하고, 외국인이 직접 운영하는 레스토랑이나 카페들이 많아 영어로만 주문이 가능한 곳들도 많다.

세 번째는 영어로 혼잣말해보기이다. 내가 좋아하는 것들로 아무리 영어 공부를 열심히 한다고 해도, 실제로 입 밖으로 내보내지 않으면 금세 사라지고 말 것이다. 그렇다고 지금 당장 외국인 친구를 만날 수도 없고 외국인들이 있는 곳에 갈 수도 없다면? 제일 쉽고 좋은 방법이 혼잣말이다. 우리는 하루에도 수만 가지 생각들을 머릿속에 떠올린다. 지금 내 머릿속에 있는 그 생각을 영어로 바꾼다면 어떻게 해야 할지를 매번 고민해보는 것이다. 지금 눈앞에 있는 사물을 묘사해도 좋고, 문득 머릿속에 떠오른 기억을 영어로 말한다면 어떻

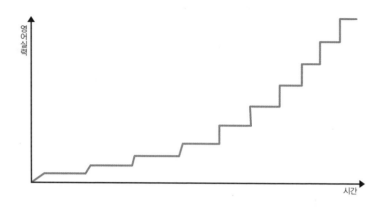

게 될지 직접 소리 내어 말해보는 것이다. 이런 수차례의 훈련은 실제로 영어로 대화를 하는 순간에 빛을 발하게 될 것이다.

마지막으로, 영어 공부를 하는 매 순간 지금의 나를 격려해주는 것이다. 우리가 오랜 시간 영어 공부를 해봐서 알겠지만, 영어는 무작정 시간을 투자한다고 해서 느는 것이 절대 아니다. 그래프상으로도 투자한 시간만큼 수직적으로 영어 실력이 늘지 않음을 알 수 있다. '내가 지금 나아지고 있는 건가?' 하는 고민이 거듭되는 가운데 겨우 한 걸음 올라가고, 거기에서 한동안 정체되는 느낌이 들다가 또다시 겨우 한 걸음 올라가고… 이런 작은 한 걸음들이 쌓이고 나중에 그 걸음들을 돌아봤을 때, 확연히 달라진 내 영어 실력을 확인할 수 있게 된다. 나름 열심히 한다고 했는데 영어 실력이 나아진 게 없다며 좌절하지 말자. 그 작은 한 걸음의 발전과 업그레이드를 위해 계속 달려가고 있을 뿐이다. 여기서 중요한 건 매일 반복하는 꾸준함을 놓치지 않는 것이다. 어제보다 조금 더 나은 나의 영어 실력을 기대하면서, 꾸준히 내가 좋아하는 영어 공부를 해나갈 때, 영어를 못해 창피했던 그 순간과 비교했을 때, 그때서야 보다 확연히 달라진 지금의 내 영어 실력을 확인해볼 수 있게 될 것이다.

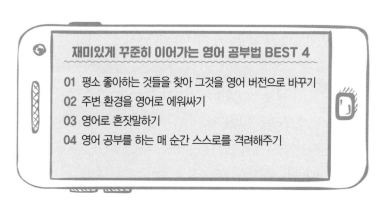

재미있게 꾸준히 이어가는 영어 공부법 BEST 4

01 평소 좋아하는 것들을 찾아 그것을 영어 버전으로 바꾸기
02 주변 환경을 영어로 에워싸기
03 영어로 혼잣말하기
04 영어 공부를 하는 매 순간 스스로를 격려해주기

영어 발음 교정 꿀팁

영어는 모음의 장단에 따라, 혀의 작은 위치 변화에 따라 의미가 달라질 수 있기에 발음이 중요하다. 또한 발음이 정확하지 않으면 서로 간의 의사소통에 문제가 생길 수도 있다. 영어 발음이 어렵다고 섣불리 포기하기보다는 우선 영어와 한국어의 차이점에 주목해보자. 그 차이점들을 알고 나면 나만의 영어 발음 교정을 할 수 있게 된다. 여기에 소개하는 내용은 기업과 학교 그리고 개인 맞춤 수업에서 발음 교정 시간에 내가 꼭 알려주는 것들이다. 이 세 가지 '꿀팁'을 꼭

기억해두자.

먼저, 해당 영어 단어의 모든 발음들을 혀를 하나하나 정확하게 움직이면서 발음해주는 것이다. 예를 들어 birthday라는 단어를 말하는 경우라면, 입술을 꾹 눌렀다가 떼면서 성대까지 울려야 하는 'b'발음, 미국식이라면 더욱 확실하게 굴려줘야 하는 'r'발음, 이 사이로 혀를 뺏다가 빠르게 넣어주는 일명 돼지꼬리 발음 'th' 그리고 치경을 쳐야 하는 'd'와 마지막 'y'발음인 'ㅣ'까지 완벽하게 해줘야 한다. 여기서 혀가 하나라도 부정확한 위치에 놓일 경우, 단어가 완전히 다르게 들리게 된다. 자음과 모음에서 중요한 포인트들을 파악하고, 혀를 정확한 위치에 가져다 대면서 발음해주는 게 매우 중요하다.

두 번째로, 영어에만 있는 특징인 음절Syllable을 잘 살려주는 것이다. 음절은 소리를 나타내는 음성단위를 말하는데, 영어의 음절은 우리말과는 전혀 다르다. 예를 들어 dog(개)라는 단어의 경우, 한국어로는 '도그'로 2음절이지만 영어에서는 '덕'이라는 1음절로 끊어지게 된다. 영어사전에서 단어를 찾아보면 철자 사이에 작은 점들이 표기되어 있는 걸 볼 수 있다. 바로 이런 점들이 음절을 말해주는 것이다. 이 음절을 지켜서 발음하면 이전과는 다른 영어 발음이 완성된다. 그렇다고 모든 영어단어를 사전에서 일일이 확인해볼 필요는 없다. 일단은 영어를 말할 때 한국어의 'ㅣ'와 '_'를 붙이는 습관을 없애보자. 일례로 'gift(선물)'의 경우, 기/프/트 3음절이 아니라 기프(f)트처럼 1음절로 발음하면 된다. '_'를 빼고 자음과 모음 하나하나 정확한 위치에 혀를 가져다 대고 발음만 해도 훨씬 달라진 발음을 만나볼 수 있다.

마지막으로, 영어에만 있는 발성을 잘 살려주는 연습을 하자. 모노톤으로 말하는 한국어와 달리, 영어에는 '내용어'와 '기능어'가 있어서 그에 따라 억양과 악센트를 살려야 하는 경우가 있다. 이 때문에 연음이 생기기도 하고, 문장에서 중요한 주어나 동사에 강세를 줘야 하는 경우가 있다. 내가 말하고 싶은 문장에서 이를 잘 파악해서 억양과 악센트를 더 살려보자! 알파벳을 쓰는 민족은 아귀(입속)의 크기가 다르고 성대의 위치가 다르다. 이를 극복하기 위해, 영어로 말할 때는 입을 더 크게 벌리고 턱을 더 내려서 성대의 위치를 정확히 해보자.

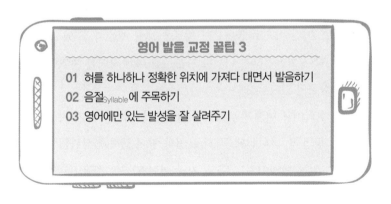

영어 발음 교정 꿀팁 3

01 혀를 하나하나 정확한 위치에 가져다 대면서 발음하기
02 음절Syllable에 주목하기
03 영어에만 있는 발성을 잘 살려주기

외국인과 대화를 계속 이어나가기 위한 꿀팁 BEST 3

첫째, 한국 문화와 그들의 문화를 비교해본다. 그 대상은 큰 개념일 수도 있고, 정말 사소하고 작은 것일 수도 있다. 예를 들어, 함께 밥을 먹으면서 우리와 그들의 식문화 차이에 대해 이야기할 수도 있고, 외국인 친구가 좋아하는 특정 음식에 대한 여러 가지 이야기를 나눠볼 수도 있다. '맛집' 이야기는 언제나 흥미로운 주제이고, 특히 지역주민들만 아는 맛집이나 카페에 대한 이야기라면 얼마든지 재미있게 대화를 풀어나갈 수 있다. 이 방법은 이야깃거리가 떨어져 더는 할 말이 없는데 대화는 더 나누고 싶을 때 요긴한 방법이다. 지금 눈앞에 보이는 것들에 대해 "지금 한국에는 이런 게 있는데, 너희 나라는 어때?" 이런 식으로 물어보며 새로운 것을 배울 수도 있고, 그것에 대해 함께 이야기하며 너무나 다른 문화적인 차이를 확인해볼 수 있다는 장점이 있다.

둘째, 한국어로 어떻게 말하는지 알려준다. 이것은 내가 자주 써먹는 실전 방법 중 하나인데, 특히 본인의 영어 실력에 상관없이 누구나 쓸 수 있는 방법이기도 하다. 지금 이런 날씨를 한국어로는 어떻게 말하는지, 지금의 기분이나 상황에 적격인 한국어 표현, 한국의 지난 유행어와 개그들, 혹은 지금 눈앞에 보이는 걸 한국어로는 어떻게 말하는지 등등을 알려주는 것이다. 내 경험상, 외국인 친구들에게 '응' '아니' 혹은 '싫어' '뭐야?' 같은 간단한 표현들부터 시작해서 비

K현대미술관 방문

서울숲 피크닉

속어나 요즘 유행하는 말에 대해 알려주면 로컬 한국어를 배울 수 있다며 대체로 좋아했다.

셋째, 영화, 음악, 여행 등 누구나 좋아할 만한 이야깃거리에 대한 다양한 질문들을 연습해둔다. 물론 그에 대한 나의 답변도 생각해둔다. 언제 어디서 누구를 만나든 무난하게 대화를 이어갈 수 있는 큰 범위의 주제들이 있다. 가장 좋아하는 여행지라든가, 좋아하는 영화나 음악 등등. 또한 언제든 쉽게 질문하고 대답할 수 있는 리스트를 만들어보는 것도 도움이 된다. 나는 주로 그들의 도시와 나라에 대해 물어보고, 한국에서 좋아하는 여행지, 좋아하는 음식, 너무나도 다른 커플 문화, 한국에 숨겨진 여행지 같은 외국인들이 좋아하는 이야깃거리 몇 개를 만들어놓고, 처음 보는 외국인과도 자연스러운 대화를 이어나가는 편이다. 각자의 취향과 관심사에 따라 이야깃거리 리스트를 만들고 그에 대한 나만의 답변을 준비해둔다면 외국인과도 한층 더 풍성한 대화를 나눌 수 있다.

대화 연장술 BEST 3

01 서로의 문화에 대해 이야기하기
02 한국어로 어떻게 말하는지 알려주기
03 누구나 좋아할 만한 이야깃거리(영화, 음악, 여행 등) 준비해
    두기

내 영어가 달라졌다고 느껴지는 순간
BEST 4

영어를 놓지 않고 꾸준히 공부하다 보면 내 영어가 달라졌다고 느껴지는 순간들이 있다. 그 영광의 순간을 누리게 될 여러분을 위해, 내 영어가 달라졌다고 느꼈던 순간 BEST 4를 공유해본다.

첫째, 영어로 진짜 대화가 가능해진다. 진지하거나 무거운 주제에 대해서도 길게 이야기할 수 있고, 내 의사표현도 정확히 전달된다. 예전에는 Yes, No라고만 대답하거나 짧은 대화만 하고 끝났다면, 지금은 그에 대해 한두 문장 더 길게 이야기할 수 있게 되었다. 머릿속에 떠오르는 것들을 남김없이 말할 수 있게 된 것이다. 문장의 길이가 늘어났다는 것만으로도, 예전보다 훨씬 정리된 문장들을 말할 수 있게 되었다는 것만으로도 대화의 깊이가 달라졌다는 것을 쉽게 확인해볼 수 있을 것이다.

둘째, 꿈속에서도 영어를 말하게 된다. 이는 영어 공부가 어느 정도 쌓였을 때 일어나는 일인데, 나의 무의식을 반영하는 꿈속에서 영어를 하는 경험은 너무나도 신기하다. 꿈속에서는 말도 안 되는 상황이 벌어질 수도 있고, 아니면 너무나 반복적이고 뻔한 상황이 지속될 수도 있다. 여기서 중요한 건 내가 꿈속에서 영어로 거침없이 자연스럽게 말했다는 것, 그리고 꿈에서 깼을 때 영어를 술술 말했던 꿈속의 내가 너무나도 자랑스러워진다는 것이다. 정말이지 직접 경험해

서울숲 피크닉

해방촌
런치 모임

해방촌
Phillies 펍에서

Chapter 1 영어 쫄보 탈출 워밍업

보지 않고는 그 짜릿함을 알 수 없다! 영어 공부에 깊게 빠져 있고, 꿈속에서도 영어를 하는 단계까지 이르게 된다면, 예전보다 향상된 영어 실력을 한층 더 사실적으로 확인해볼 수 있다. 그리고 꿈속에서 영어를 말하는 내 모습을 반복해서 만나게 될 것이다.

셋째, 영어로 싸우거나 따질 수 있게 된다. 보통 영어를 처음 시작할 때는, 먼저 머릿속에 내가 지금 말하고 싶은 한국어가 떠오르고 이를 영어로 바꾸어 말하는 작업이 시작된다. 그러다 나중에는 그런 머릿속에서의 한국어→영어로의 번역 작업을 거치지 않고 곧바로 영어가 나오는 수준에 이르게 된다. 이렇게 내 머릿속 생각들이 바로 영어로 나오면서 급기야 영어로 싸우거나 따질 수 있는 경지에 도달하게 되는 것이다! 예전에는 외국인 남자 친구와 싸울 때 내가 따져야 할 것들을 미리 쭉 적어놓고 하나씩 보면서 읽어야 했지만, 지금은 왜 내가 화가 났는지 조목조목 바로 말할 수 있고 불의한 일들이 벌어졌을 때도 영어로 하나하나 따져볼 수 있게 되었다. 싸울 수 있는 수준에 이르는 영어야말로 진짜 달라진 나의 영어 실력을 확인해 볼 수 있는 잣대라 할 수 있다.

마지막으로, 영어로 그 문화를 이해하고 영어로 말장난을 할 수 있게 된다. 영어권 문화의 큰 특징 중 하나가 sarcasm(빈정댐, 비꼼)이다. 이는 빈정대는 식의 농담을 주고받는 것인데, 즉 원래 말하고자 하는 것을 반어적으로 표현하는 것이다. 그래서인지 영미권에는 스탠딩 코미디나 풍자 프로그램이 참 많은 것 같다. 예를 들면 이런 식이다. 진짜 최악으로 일을 끝내놨는데 "Well done(잘했네)"이라고 하면서 비

캐나디안 친구들과
함께

AirBnb트립 함께 전통차 마시기

Chapter 1 영어 쭐보 탈출 워밍업

꼬는 것. 또는 하루 종일 되는 일 하나도 없는 일진 사나운 날에 대해 "That's just what I needed today!(내가 오늘 원했던 것들이야!)"라고 말하는 것. 영어 표현이 이 단계에까지 왔다면, 정말 제대로 영어 문화까지 이해하고 즐길 수 있게 되었다고 볼 수 있다. 일례로, 외국인 친구와 영미권 영화를 보면서 그 영화의 언어뿐만 아니라 문화 배경까지 모두 이해하고, 영화관 안에서 나와 외국인 친구 단 둘만 웃고 있는 그 순간의 짜릿함을 느껴보기를 바란다. 내가 영어로 표현한 sarcasm 에 외국인 친구들이 키득거릴 때의 그 만족감을 꼭 경험해보기를 바란다.

Chapter 2

외국인 친구 사귀기
실전 가이드

외국인 친구를
사귀어봅시다!

외국인 친구가 있으면
이런 점이 좋아요

외국인. 한국이 아닌 외국의 국적을 보유한 사람. 그런 외국인들을 한국에서 만날 기회가 많아졌다. 뉴스에서 말하는 '한류'가 진짜일까 싶었는데, 실제로 그 영향력은 대단할 뿐 아니라 많은 외국인들이 한국에 대해서도 큰 관심을 보인다. 그만큼 한국을 찾는 외국인들도 많아졌고 이제 우리는 마음만 먹으면 근처에서 쉽게 외국인들을 접할 수 있게 되었다. 더불어 외국인 친구를 사귀고 싶어하는 한국인들도 많아지고 있다. 그런데 정말 외국인 친구들이 있으면 좋을까? 좋은 이유는 무엇일까? 일적으로 그리고 사적으로, 다른 국적을 가진 수천 명의 외국인 친구들을 여태껏 만나오면서 그리고 지금도 거의 매일 외국인 친구들과 어울리면서 내가 깨닫게 된 것은 이러하다.

먼저, 외국인 친구들에게 새로운 것들을 간접적으로 많이 배우게

스페인 말라가(Malaga) 교환학생 시절

된다. 다른 문화권에서 온 외국인 친구들에게 듣는 이야기는 그들의
실제 경험이 그대로 녹아든 너무나도 생생한 이야기들이다. 교과서
로 혹은 TV나 인터넷 같은 매체로만 보고 들었던 것들과는 차원이
다르다. 예를 들면 이런 것들이다. 캐나다의 겨울은 영하 40도까지
내려간다는데, 정말 어느 정도로 추운 건지. 북유럽 남자들은 키 크
고 잘생겼다는데 그게 사실인지. 열정 넘치는 스페인에서 파티는 어
떻게 하는지 등등. 정말 다양하고 재미있는 주제로 대화를 하면서 많
은 것들을 배우게 된다. 너무나도 일상적인 나의 삶을 외국인 친구들
과 함께하게 되면서 다채롭게 채울 수 있다. 그들의 새로운 문화, 새
로운 생각, 새로운 관점이 덧입혀져 나의 일상이 정말 재밌어진다.
그리고 틀린 게 아니라 다른 것일 뿐이라는 사실을 확실히 배우게 된다.

　이렇게 새로운 것들을 배워나가면서 그동안 너무 당연해서 간과했던 것들에 대해 감사하게 된다. 바로 한국에 대한 새로운 관점을 가지게 된다. 한국에서 태어나고 자란 우리에게는 너무나도 당연하고 일상적인 것들이 외국인들의 입장에서 보면 완전히 다른 것들이 된다. 그리고 그들의 눈을 통해 한국을 객관적으로 다시 바라보게 된다. 한국이 얼마나 안전하고 편리한 곳인지, 한국 역사에 자랑할 만한 것들이 얼마나 많은지 새삼 깨닫게 된다. 외국인들에게 한국은 자신의 소지품을 아무 곳에나 던져놓아도 안전한 곳이고, 밤늦게 돌아다녀도 별문제 없는 곳, 너무나도 귀엽고 예쁜 카페와 레스토랑이 있는 곳 등등, 참 매력이 넘치는 곳이다. 정이 넘치는 한국인들에 대해 그리고 한국에서의 삶에 대해 그들이 이야기할 때마다, 한국인으로서 너무나도 당연해서 놓치고 있던 것들에 대해 새삼 감사하게 된다.

　외국인 친구들을 만나면, 출신 국가가 어디든 만국의 공용어인 영어로 대화를 해야 하는 경우가 많다. 그래서인지 외국인 친구들을 자주 만나다 보면 나도 모르게 영어가 저절로 늘게 된다. 어떻게든 소통을 하려면 영어를 자꾸 써야만 하고 카톡, 문자, 메일, 전화, SNS 등등에서 이제 영어를 사용하는 게 당연해진다. 언어는 자주 쓰다 보면 자연스럽게 늘게 마련이다. 그래서 나는 실전 영어 실력을 향상시키는 가장 좋은 방법으로 항상 외국인 친구들을 만나는 것을 추천하곤 한다. 실제로 나도 그들과 어울려 놀면서 지금은 이렇게 영어로 먹고살 수 있게 되었다. 내 외국인 친구들의 역할이 지금의 나의 영

서울 성곽 하이킹 가기 전

모로코 라바트에서
카누 타기 전에

이렇게 큰 아이스크림은
처음이라는 미국인
친구와 함께

어를 만들었다고 해도 과언이 아니다.

한국에서 만난 외국인 친구들은 한국에 오랫동안 머무르는 경우도 있지만, 보통 짧게는 몇 개월 혹은 몇 년 동안만 한국에서의 삶을 즐기다가 돌아가기도 한다. 본국으로 다시 돌아가기도 하고, 혹은 다른 나라에서 새로운 삶의 터전을 잡기도 한다. 한국에서 친하게 지냈던 외국인 친구들이 어디에 있는지 간에 우리는 SNS를 통해 그들의 일상을 공유하고 그들과 쉽게 소통할 수 있게 되었다. 그래서인지 외국인 친구들이 있는 곳에 더욱 관심을 갖기가 쉬워진다. 외국인 친구들의 SNS에 올라오는 사진과 영상, 글들을 통해서 그들의 관점에서 바라본 그 나라에서의 생활 방식을 쉽게 엿볼 수 있다. 또한 나의 외국인 친구가 있는 곳 어디든지 자유롭게 여행을 떠날 수 있게 된다. 전 세계에 있는 외국인 친구들을 만나서 함께하는 로컬 여행이 가능해진다. 그들의 나라에서는 내가 또 외국인의 입장이 되어 더 흥미진진한 여행을 하게 된다. 그래서 외국인 친구가 있으면 그들과 매일 SNS로 소통하며 매일 여행하는 것 같은 일상을 갖게 된다. 그리고 로컬들이 알려주는 전 세계 로컬 여행이 가능해진다.

마지막으로, 당연한 말이기도 하지만 너무 중요한, 외국인 친구와 좋은 '우정'을 쌓고 관계를 지속할 수 있다. 특히 한국보다 나이를 별로 의식하지 않는 외국인들과는 누구와도 쉽게 친구가 될 수 있다. 나랑 성향이 맞고 함께 노는 게 즐겁기만 하다면 나이와 국적을 불문하고 급속도로 친해진다. 우정을 깊이 나눌 수 있는 진짜 친구를 만들 수도 있고, 이성 친구였던 외국인 친구가 사랑으로 연결되는 경우도 있다. 깊은 우정을 나눌 수 있는 진짜 친구를 전 세계에서 사귈 수 있다는 건 정말 매력적이다. 그리고 이런 특별한 우정은 내 남은 평생을 더욱 행복하고 특별하게 만들어준다.

외국인 친구를 만나면 좋은 점이 이렇게나 많다. 지금부터라도 부족한 영어 실력을 탓하며 수줍어하지 말고, 나의 실전 영어 실력 향상을 위해서 용기를 내서 외국인 친구들을 만나보자. 그저 생김새와 문화, 국적이 다를 뿐 그들도 한국에서 지내는 동안 심심할 때도 있고, 한국에 있는 새로운 친구들을 사귀고 깊은 우정을 쌓기를 원하는 똑같은 사람들이다. 직접 외국인 친구들을 만나보면서 그들과 특별한 글로벌한 우정을 만들어보자.

외국인 친구가 있으면 좋은 이유 BEST 5

01 새롭고 신기한 것들을 많이 배울 수 있다
02 너무 당연해서 간과했던 것들에 감사하게 된다
03 영어 실력이 저절로 향상된다
04 전 세계 곳곳으로 로컬 여행을 떠날 수 있다
05 나이와 국적을 불문하고 특별한 우정을 쌓을 수 있다

외국인 친구를 만드는
실질적인 방법 BEST 3

　외국인 친구가 있으면 좋은 이유도 알았으니, 이제는 그들을 만나기만 하면 될 것 같다. 그렇다면 과연 어디서 외국인 친구들을 만날수 있을까? 외국인들이 많이 있다는 이태원에 가야 할까? 무작정 다가가서 말을 걸면 되는 것일까? 한국인들 중에서 간혹 엄청난 친화력을 가진 사람들은 길을 걸어가다가 만난 외국인들에게 무작정 다가가 말을 걸고 친구가 되기도 한다. 하지만 이것은 지극히 드문 경우다. 길거리에서 만나 한두 마디 나눌 수는 있겠지만, 진정한 우정을 쌓기는 어렵기 때문이다. 예전에 나는 영어 한 마디 내뱉는 게 어려워서 외국인 친구 하나 없었다. 그런데 지금은 어떻게 많은 외국인친구들을 만나 교류하게 되었을까? 내가 실질적으로 경험했던 것들에 대해 이야기해보려 한다. 약간의 용기만 가지고 있다면 누구나 할수 있는 것들이다. 그리고 무엇보다도 자연스럽게 그들과 대화를 시작하고 친구가 될 수 있는 방법들이다.

　먼저, 외국인들을 만날 수 있는 공식적인 프로그램에 적극 참여하는 것이다. 조금만 더 관심을 가지고 둘러보면 외국인들과의 교류의장이 마련되는 곳들을 쉽게 찾아볼 수 있다. 실제로 찾아보면 전국에서 진행되는 각종 행사들, 다양한 정부 지원 프로그램들이 참 많다. 예를 들어 외국인들 사이에서 굉장히 유명한 보령 머드 축제, 서울 세계도시 축제 같은 크고 작은 행사에 참여하면 각국의 외국인 친구들을 쉽게 만나볼 수 있다. 대사관에서 진행되는 파티도 나라별로 찾아볼 수 있는데, 무료인 경우도 많지만 유료인 것들도 있다. 또한 나의 관심사에 맞는 행사들을 페이스북 이벤트나 밋업meet up(사용자들이 이벤트를 만들어 공유하는 플랫폼)에서 찾아볼 수도 있다. 대학생이라면 학교에서도 외국인 친구들을 만나볼 수 있는 프로그램을 쉽게 찾아볼 수 있다. 각 대학에서는 학생들의 영어 실력 증진을 위해 글로벌센터 같은 공간을 만들어놓는 경우가 많다. 혹은 모교에 교환학생으로 온 외국인 친구들이나 외국인 교수님들께 먼저 말을 걸며 친해질 수도 있다. 자국을 떠나 타지에 공부하러 온 친구들 입장에서 로컬 친구들이 먼저 다가와준다면 더없이 반가울 수밖에 없을 것이다.

두 번째는 스마트폰 애플리케이션(앱)을 활용하는 것이다. 한국에서는 소개팅 앱이라든지 온라인에서 낯선 사람을 만나는 게 매우 이상하게 여겨지는 게 사실이다. 간혹 뉴스에서 관련 사건사고를 접하고는 지레 겁을 먹고 이런 수단을 아예 거들떠보지도 않기도 한다. 하지만 거의 대부분의 외국인들은 별 생각 없이 일상적으로 다양한 만남 앱들을 활용한다. 먼저 상대방과 이야기를 해보면서 괜찮은 사람을 고르고, 내가 조심해서 만난다면 앱을 통한 만남도 크게 문제될 일은 없다. 괜찮다 생각되면 한두 번 만나보는 거고, 그 만남이 좋았다면 친구나 연인이 될 수도 있고 그렇지 않다면 안 만나면 된다. 실제로 주변의 국제 커플들을 보면 앱을 통해 만난 경우도 의외로 많다. 불순한 목적으로 접근하는 이들을 차단하기 위해 자기소개란에

여주
세종대왕축제

여주
세종대왕축제

서울 세계문화축제에서
학생들과 함께

마이서울가이드 스키 트립

마이서울가이드 교류모임

외국인 모델 친구와 함께

자신의 목적을 분명히 밝혀놓는 것도 좋은 방법이다. 혹은 자신과 같은 성별의 친구와만 이야기할 수 있도록 설정해놓아도 된다. 이렇게 앱을 잘만 활용하면 정말 쉽고 편하게 외국인 친구를 사귈 수 있다. 목적이나 활용 방법에 따라 많은 앱들이 있지만 대표적인 것으로는 Hello Talk, Tinder, Bumble, Meeff 등이 있다. 이 외에도 많은 앱이 있으니 자신에게 가장 잘 맞는 앱을 찾아 활용해보길 바란다.

마지막으로, 외국인들과 함께하는 액티비티에 참여하는 것이다. 다른 나라에 가서 집에만 처박혀 있는 사람은 없을 것이다. 아무리 집에 있기 좋아하는 사람이라도 다른 나라에 가면 그 문화를 조금이라도 더 익히고 즐기려고 노력하게 마련이다. 그래서 그런지 외국인들도 한국에서 다양한 액티비티를 찾아 즐긴다. 또한 자신의 관심사와 취미에 맞춰 동호회 활동을 하는 외국인들도 많다. 그들이 직접 운영하는 봉사모임이라든지 댄스, 예술 등등 다양한 주제의 액티비티가 있다. 축구나 야구 동호회는 물론이고, 캐나다인들이 많은 아이스하키 혹은 볼하키리그 같은 동호회도 찾아볼 수 있다. 서울을 함께 달리는 러닝크루에 참석하거나 등산 동호회를 함께해도 좋다. 함께 운동을 하다 보면 자연스럽게 친해질 수 있기에 내가 가장 추천하는 방법이다.

이런 액티비티에 참여하고 싶다면 다양한 액티비티를 소개하는 meet up을 확인해보거나 요즘 뜨고 있는 Airbnb Experiences에서 본인이 하고 싶은 액티비티를 직접 찾아보자. 한국에서 생활하는 외국인 호스트들이 운영하는 프로그램도 많이 있으니 확인해보자. 내

가 직접 운영하는 외국인 문화교류모임 '마이서울가이드'에 참석해
도 좋다. 일반적인 언어교류가 아닌, 액티비티를 함께 즐기면서 영어
도 배우고 외국인 친구를 만들 수 있는 모임이다. 지금까지 쿠킹 클
래스, 브런치 모임, 하이킹, 한강 치맥, 스키 트립, 피크닉, 여주 여행
등을 진행해왔다.

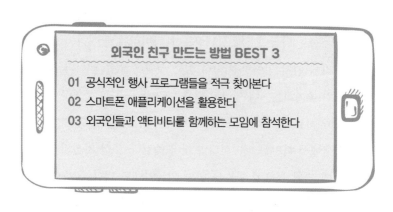

외국인 친구 만드는 방법 BEST 3

01 공식적인 행사 프로그램들을 적극 찾아본다
02 스마트폰 애플리케이션을 활용한다
03 외국인들과 액티비티를 함께하는 모임에 참석한다

SNS로 외국인 친구 쉽게 만들기
-실전편

요즘 우리네 일상에서 절대 빼놓을 수 없는 것 중 하나가 바로 SNS
다. 영어로는 소셜미디어social media라고 해야 맞지만, 한국에서는 소셜
네트워크서비스인 SNS로 더 알려져 있다. 나라마다 유행하는 SNS
도 다르고 시대에 따라 유행하는 플랫폼이 바뀌기도 한다. 장점과 단
점이 공존하는 SNS는 내가 어떻게 활용하느냐에 따라 외국인 친구

를 만나는 진짜 유용한 도구가 될 수도 있다. 지금부터 내가 직접 경험한 것들을 바탕으로 인스타그램, 페이스북, 유튜브를 통해 외국인 친구를 만드는 법에 대해 자세히 이야기해보려고 한다.

인스타그램

한동안 뜨거웠던 페이스북의 열기는 이제 많이 사그라진 것 같다. 실제로 페이스북상에서 댓글이나 좋아요 반응은 예전보다 훨씬 줄어들었다. 페북 이용자들은 그냥 정보를 얻기 위해 사용하는 경우가 많다. 친목을 다지고 개인적 이야기를 공유할 목적으로는 이제 인스타그램을 훨씬 더 많이 쓴다. 인스타그램은 처음에 텍스트보다 사진 위주로 소통을 하려는 사람들에게 더 인기가 많았지만, 현재는 스토리나 IGTV 같은 인스타 포스팅 이외의 기능들까지 모두 인기다. 이처럼 요즘 가장 많이 쓰는 플랫폼이다 보니 인스타그램을 잘만 이용하면 더욱 쉽게 외국인 친구들을 만들 수 있다.

먼저, 공개 계정으로 되어 있는 흥미로운 외국인 친구들을 직접 찾아서 팔로우를 하고 친해지는 방법이 있다. 처음부터 대놓고 친구가 되자고 부담스럽게 다가가면 절대 안 된다. 하트를 자주 눌러주고 댓글도 달아주고, 그렇게 조금씩 익숙해지다 보면 메시지도 오가고 만날 기회가 생기기도 한다. 또한 인스타그램에서 해시태그 팔로우하기도 도움이 된다. 예를 들어 내가 관심 있는 모델 일을 하는 외국인 친구들을 만나보고 싶다면 '#외국인모델'이라는 해시태그를 팔로우하면 된다. 그러면 그 키워드를 올린 새로운 사람들의 포스팅이 내 인스타 피드에 뜬다. 그렇게 내 피드에 뜬 계정은 직접 들어가서 확인해보고, 관심이 있으면 팔로우를 하고, 또 서로 알아가고 연락하는 과정을 이어나가면 된다. 외국인 모델을 촬영하는 한국 비즈니스 계정을 많이 만나기도 하지만 말이다. 이런 식으로 내가 원하는 키워드를 영어 혹은 한글로 팔로우를 해두고, 그렇게 조금씩 알아가고, 그 사람도 내 계정에서 흥미로운 걸 발견하게 된다면 서로 함께 이야기하고 이런 식으로 친구를 서서히 알게 된다.

이렇게 내가 올린 것들 혹은 그 사람이 올린 사진과 영상을 통해 우리는 상대방의 관심사와 그 사람의 이야기를 더 쉽게 접할 수 있다. 그리고 나와 맞는 사람인지 아닌지 더욱 쉽게 확인해볼 수 있다. 현재 내가 외국인 친구들을 만나기 위해 그리고 내 관심사를 위해 팔로우하는 해시태그는 #외국인친구 #외국인모델 #cafehunting #seoultrip 등이다. 나는 다른 계정들을 팔로우할 뿐만 아니라 내 계정에 그와 관련된 정보들을 많이 올린다. 오늘 내가 먹은 것들이나 의미 없는 똑같은 셀카를 올리는 게 아니라, 나의 관심사를 통해 '나'를 직접적으로 보여줄 수 있는 사진들과 해시태그를 자주 올린다. 그래서인지 내 해시태그와 계정을 보고 말을 걸어온 외국인 친구들이 많았다. 내가 포스팅한 사진 속 카페에 같이 가보자는 댓글과 DM이 오기도 하고, 카페 정보를 알려달라는 연락이 오기도 한다. 그렇게 DM을 주고받다 보면 나중엔 직접 만날 기회도 저절로 생기게 된다. 그리고 직접 만나보니 뜻이 더욱 잘 맞아서 지금까지 너무 친하게 지내는 친구들이 참 많다. 해시태그만으로 외국인 친구를 사귈 수 있는

Chapter 2 외국인 친구 사귀기 실전 가이드

인스타그램의 순기능을 잘 활용하면, 정말 다양한 외국인 친구들을 만날 수 있다.

페이스북

페이스북 그룹을 이용해 외국인 친구들을 만들 수도 있다. 한국인들은 페이스북 페이지를 더 많이 이용하지만, 외국인들은 페이스북 그룹을 훨씬 더 잘 활용한다. 그래서인지 페이스북 그룹에서는 다양한 주제로 활성화되어 있는 커뮤니티를 쉽게 찾아볼 수 있다. 내가 관심 있는 키워드를 페이스북 그룹에서 검색해 찾아내면 된다. 한국에서 외국인 커뮤니티가 가장 크게 형성되어 있는 Expat women in Korea라든지, Seoul Expat 같은 페이스북 그룹에는 외국인뿐만 아니라 한국인들도 누구나 가입할 수 있기 때문에 활용하기에 참 좋다.

나의 페이스북 계정

그곳에는 종종 서울에 놀러오는데 어디가 좋을지 추천해달라고 한다든지, 서울에 처음 왔는데 같이 브런치를 먹을 친구를 찾는다든지, 이렇게 친구를 원한다는 글이 직접 올라오기도 한다. 이런 글에 댓글을 남기면 직접 만날 기회가 곧바로 생기기도 한다. 내 경우, 같은 지역에 사는 사람들 혹은 관심사가 같은 사람들과 모임을 하고 싶다고 직접적인 구인의 글을 올리는데 반응이 참 좋은 편이다.

페이스북 그룹 내에서 열심히 활동하다 보면 다른 사람들과의 교류가 많이 생기고 그게 친목으로 이어지기도 한다. 또 하나의 장점은, 모든 것이 영어로 이루어지기 때문에 글을 확인하고 댓글을 남기는 과정에서 영어 실력이 저절로 향상된다는 것이다. 운동 커뮤니티, 봉사 커뮤니티, 정보 커뮤니티, 유머 커뮤니티 등 정말 다양한 그룹들이 있다. 그중 내가 관심 있는 곳을 찾고, 거기서 알게 된 친구들과 대화를 하고, 말이 잘 통하면 만나보기도 하고, 그렇게 내 맘에 드는 친구를 만날 수 있는 기회가 생기기도 한다.

유튜브

영상이 대세인 요즘 유튜브를 통해서도 외국인 친구를 만날 수 있다. 유명한 외국인 유튜버들도 많지만, 그들과 일일이 대화를 하기는 거의 불가능할 것이다. 그래서 나는 한국에 살면서 브이로그를 하고 있는 외국인 친구들을 많이 검색해봤다. 그리고 내가 관심 있는 K-Beauty에 대해 꾸준히 업로드를 하는 유튜버들의 영상을 챙겨보기도 했다. 그리고 한국인으로서 어떻게 영상을 보았는지 댓글을 자

Chapter 2 외국인 친구 사귀기 실전 가이드

주 남겼다. 그렇게 교류가 계속되다 보니 역시나 대화와 만남이 자연스럽게 이루어졌고 친구가 되었다. 내 관심사인 키워드를 영어로 검색해보면 정말 많은 유튜버들을 찾아볼 수 있다. 더 구체적으로 찾기 위해서, 한국의 특정 지역에서의 하루를 남긴다든지, 축제에 참여하고 후기를 올리는 유튜버들을 검색해서 찾기도 했다. 내 맘에 드는 외국인 친구의 유튜브 채널을 발견했다면 구독도 하고 댓글도 자주 남기고 하면서 그들과 직접적인 교류를 이어나갈 수 있다. 이런 외국인 유튜버들을 인터뷰해놓은 나의 채널 'Korean Hailey'를 검색해보면 그들의 개인적인 SNS 정보를 바로 찾아볼 수 있을 것이다. 다양한 나라에서 온 그들의 이야기들을 직접 들어볼 수 있다.

슬라임 만들기 유튜브 촬영

외국인 친구들과 함께

Chapter 2 외국인 친구 사귀기 실전 가이드

SNS에는 특히나 순기능과 역기능이 정말 많다. 내가 어떻게 활용하느냐에 따라 좋은 도구가 될 수도 있고 정말 안 좋은 일이 일어날 수도 있다. 그렇지만 시도도 해보기 전에 역기능에만 초점을 맞춰 미리 겁을 내는 것은 아무런 도움이 되지 않는다. 어떻게 되든 일단 한 번 해보자. 사람의 일은 절대 모르는 거다. 대화도 잘 통하고 교류도 잘 되었는데, 막상 만나보니 진짜 별로일 수도 있다. 반면, 온라인상에서는 너무 딱딱하고 별로였는데, 진짜 만나보니 나랑 뜻이 잘 맞아 소울메이트가 될 수도 있다. 나는 일주일에 한 번씩 만나는 너무나도 친한 스페인 친구를 페이스북 그룹을 통해서 만났다. 또, 관심사가 너무나도 비슷해서 만날 때마다 너무 재밌는 프랑스 친구를 인스타그램 해시태그를 통해 만났다. 내가 어떻게 하느냐에 따라 좋은 친구를 만날 수도 있고, 내가 좋은 친구가 될 수도 있다. 나에게 맞는 SNS를 잘 활용해서 외국인 친구들을 만나보자.

외국인들이 이야기하는
진짜 한국은?

외국인이 말하는
한국의 좋은 점 BEST 5

　나는 국제문화교류가로 활동하며 많은 외국인을 만나고 다양한 이야기를 나눈다. 그런데 한국에 잠깐 여행 온 외국인이든 한국에 오래 거주한 외국인이든 한국에 대해 이야기할 때 꼭 빠지지 않고 거론하는 한국의 장점들이 있다. 그중 가장 빈번히 거론되는 5가지를 공유해볼까 한다.

　먼저, 외국인들이 한국의 최고 장점으로 꼽는 것은 바로 '편리함'이다. 한국 생활에 익숙한 우리는 그 편리함이 무엇인지 잘 모르는 경우가 많지만, 외국 생활과 비교해보면 확실히 알 수 있다. 한국은 오랜 전통을 가지고 있는 동시에 기술도 상당히 발달한 모던한 나라다. 특히 대중교통이 깨끗하고, 어디든 갈 수 있고, 가격이 비싸지 않고, 정확한 시간에 온다. 와이파이를 이용할 수 있는 곳도 많고, 인터넷 속도도 전 세계에서 제일 빠르다. 24시간 문을 여는 편의점이 곳곳에 위치해 있어 언제든 이용 가능하고, 24시간 운영하는 밥집이나 카페도 있어서 몇 시가 되었든 할 수 있는 게 참 많다(물론 이런 편의를 누릴 수 있는 건 누군가의 노동이 있기 때문일 텐데 그걸 생각하면 마음이 쓰리다). 택시비도 다른 나라에 비해 저렴한 편이고 이용하기도 쉽다. 선진국이라도 이 모든 걸 다 갖추고 있기란 쉽지 않은데, 이 모든 게 한국에서는 가능하다는 점에 외국인들은 가장 놀란다. 이런 편리한 한국에서 살고 있음에 감사해야 마땅하지만 한국인들은 이런 게 너무 당연해서 감사함을 놓치고 있는 것 같다.

두 번째는 바로 한국인들의 '친절함'이다. 이는 특히 한국적인 마인드를 잘 설명해주는, 어떤 영어 단어로도 대체 불가능한 '정'에서 잘 드러나는 것 같다. 비록 영어를 잘하지 못해서 소통에 불편을 겪을 수 있다는 걸 알더라도 대부분의 한국인들은 외국인이 도움을 요청해오면 어떻게든 도와주려고 한다(백인에게는 더욱 친절해지는 것 같기는 하다). 다른 나라에서는 불친절한 사람들을 많이 만나게 되는데 한국에서는 어디를 가든 손님 대접을 잘 해준다고 말하는 외국인들이 많다. 여행을 가면 그곳에서 만난 현지인들에 의해 그 나라의 이미지가 결정되고 그 나라에 대한 애정이 생기기 마련인데, 한국을 찾은 외국인들은 대체로 한국인들의 '정'에 대해 감탄하곤 한다.

세 번째는 바로 '안전함'이다. 보통 외국인들은 북한에 대한 부정적인 뉴스들을 접하다 보니 한국이 위험할 거라고 생각하는 경우가 많다. 그러나 실제로 한국을 방문하면 안전한 한국에 대해 깜짝 놀라

한국의 지하철을 사랑하는 외국인 친구들

2018 평창 동계올림픽

　　　　　　　　　　　　　Chapter 2 외국인 친구 사귀기 실전 가이드

곤 한다. 특히 카페나 음식점에서 자신의 소지품을 자리에 두고 잠깐 자리를 뜰 수 있는 곳은 전 세계에서 한국밖에 없을 것이다(이런 습관 때문인지 한국인들은 여행지에서 소매치기를 많이 당하는 편이다). 총기나 마약이 엄격히 금지되어 있고, 술은 즐기지만 그로 인한 사건사고는 많지 않다. 그래서 밤늦게 길거리를 돌아다녀도 비교적 안전하다. 북한의 영향으로 한국이 위험하다는 선입견을 가지고 있다가 실제로 한국에 와본 외국인들은 이런 안전한 한국에 또다시 감탄하게 된다.

네 번째는 맛있는 한국 음식이다. 어느 새 한국 음식점이 세계 곳곳에 진출해 있게 되었고 특히 한국인들이 많은 나라에서는 한국 음식점을 쉽게 찾아볼 수 있다. 그렇지만 우리나라에서도 해외의 현지 음식 그대로의 맛을 접하기 어렵듯이 외국에서 먹는 한국 음식은 그 맛이 크게 다르다. 한국 음식점이라고 간판을 달고 있지만 아시아의 다른 음식들과 믹스되어서 한국 음식 본연의 맛을 느끼기 어려운 경우가 많다. 그럼에도 한 번 한국 음식을 맛본 외국인들은, 그게 비록 외국에 있는 한식집이라 해도 한국 음식에 대해 예찬을 하곤 한다. 또한 한국에서는 버튼 하나만 누르면 웨이터가 바로 나타나는 것도 신기해한다(요즘엔 업그레이드 버전으로 소주와 맥주를 버튼 하나로 주문할 수 있다는 데 더욱 놀라워하기도 한다!). 또, 물을 사먹지 않아도 되고 오히려 자리에 앉으면 가져다주고, 반찬도 무료로 계속 리필해준다. 누구나 좋아하는 삼겹살, 찜닭, 닭갈비 등등 다양한 한국 음식들이 외국인들의 사랑을 듬뿍 받고 있다.

마지막은 바로 예쁘고 멋진 한국 사람들이다. 외국인들이 한국 사람을 보면 하나같이 하는 말들이 있다. 한국 여자들이 아시아인들 중에서 제일 예쁘다는 것과 멋지고 패셔너블한 남자들이 많다는 것이다. yellow fever(아시아인에 대한 판타지)를 가지고 있는 외국인들도 많다. 외모지상주의 차원에서 이런 말을 하는 건 절대 아니다. 나라와 사람마다 모두 다른 미의 기준을 가지고 있고, 다른 나라에도 매력적인 사람이 매우 많은 것도 사실이다. 그렇지만 대체로 한국인들은 아시아인들 중에서 평균 키도 제일 크고 비만인 사람도 드물다. 또 패션에 민감해서 다들 멋지고 예쁘게 옷을 입고 다닌다(이는 다른 사람을 의식해서 항상 좋은 모습으로 다니려는 경향 탓인 것 같기도 하다). 한국 여자들이 피부가 너무 좋다며 한국 화장품을 잔뜩 사가는 외국인들도 있다. 한국인과의 연애를 꿈꾸는 외국인들도 조금 더 많아졌다. 예쁘고 멋진 건 어디서나 통하는 게 사실이지만 특히 매력적인 외모의 한국인들을 보면서 외국인들은 한국이란 나라에 또 한 번 빠져들게 된다.

이 외에도 외국인들이 꼽는 한국의 장점은 많다. 그중에서도 그동안 내가 외국인들과 교류하면서 제일 많이 들었던 감탄 포인트 5가지는 위와 같다. 아무리 좋은 것도 오래 지속되다 보면 너무나 당연해지고 그 감사함을 잊어버리는 경우가 많다. 특히 한국인들에게 있어 한국 생활이 딱 그런 것 같다. 너무나 편리하고 친절하고 안전하고 맛있는 음식도 많고 예쁘고 멋진 사람들이 많은 한국인데, 우리는 그동안 너무 당연하게만 여기고 있지 않았을까. 외국인들의 시각으로 한국을 다시 돌아보면 그동안 지나쳤던 것들에 새삼 감사하게 된다. 그리고 한국에서의 내 삶에 나도 다시 한 번 감탄하게 된다.

외국인이 신기해하는
한국 음식 BEST 4

　한식은 정말 맛있다. 그리고 종류도 참 다양하다. 외국인들이 잘 알고 있는 김치나 비빔밥은 물론, 삼겹살이나 백반의 수많은 반찬들까지 한식은 너무나도 매력적이다. 음식에 대한 호불호는 어떤 음식이든 다 있게 마련이라 모든 외국인이 좋아하는 음식을 꼽기란 어려운 일이지만, 그간 만났던 외국인들이 신기해하는 한국 음식들은 공통된 점들이 많았다. 한국에 오게 되면 꼭 먹어보고 싶었다든지, 자국에서 유명한 한식이라 비교해보고 싶다든지, 다양한 이유를 들며 신기해하는 외국인 친구들과 먹어보면 좋을 음식들을 소개한다. 한국 음식에 대한 강력한 임팩트를 심어줄 수 있을 것이다.

　먼저, 외국인들이 제일 큰 호기심을 보이고 '도전 의지'를 불태우는 음식은 바로 산낙지다. 우리는 낙지, 쭈꾸미, 문어, 꼴뚜기 등 세세하게 분류하고 있지만 영미권에서는 일단 이렇게 다양한 명칭이 잘 쓰이지 않고, 또 이것들을 구분하지 못하거나 개념을 이해하지 못하는 경우가 많다. 어쨌든 산낙지를 영어로는 live octopus라고 말한다. 외국인 친구들이 한국 음식을 맛보고 싶다고 하면 나는 산낙지를 추천하곤 한다. 입 안에서 혀를 감싸는 그 촉감이 신기하기도 하고, 한국에 왔으니 한국만의 독특한 음식도 경험하는 게 좋겠다는 생각에서다. 동물 사랑이 유난한 나라 사람들에게는 사실 잔인하게 보일 수도 있고 반감을 사기도 한다. 그렇지만 살아있는 낙지를 먹는 경험은 한국에서만 할 수 있는 거라는 생각에 나는 외국인 친구들을 이끌고 노량진 수산시장이나 해산물 식당을 찾아다니곤 한다. fake penis라 불리는 개불도 진짜 신기해하는 음식 중 하나다. 일단 생긴 것부터 남자의 성기를 닮아 이상하고 웃기다는 반응이다. 그래도 신기한 한국 음식 베스트 오브 베스트를 꼽으라면 단연 산낙지라 할 수 있다.

　다음으로 외국인들 사이에서 한국의 술 중 가장 유명한 것은 바로 소주다. 도수도 적당히 높고 요즘엔 다양한 과일 향을 가미해 더 맛있게 즐길 수도 있다. 보통 센 도수의 술들은 샷으로만 즐기는 외국인들에게 소주는 정말 신기한 술이다. 특히 편의점에서도 언제든 손쉽게 구매할 수 있고 가격도 너무 착하다. 이렇게 소주를 쉽게 구입할 수 있는데도 왜 한국에는 알코올 중독자가 많지 않느냐며 외국인들은 신기해한다. 막걸리도 한국적인 술로 많이 거론되긴 하지만, 뿌옇고 milky한 느낌의 새로운 도전으로 막걸리를 즐기는 경우가 더 많았다. 아무래도 소주가 일본의 사케와도 비슷하고 샷으로 즐기던 다른 술들과 비슷해서 소주를 더 선호하는 것 같다. 그리고 소주와 함께 먹는 맛있는 안주도 많고 선물이나 기념품으로 들고 가기도 좋다며 소주를 좋아한다. 참고로, 소주를 광고하는 핫한 스타들도 그들의 소주 사랑에 한몫하는 듯하다.

외국인들이 신기해하는 또 다른 음식은 양꼬치다. 양꼬치는 사실 중국 음식이지만 한국에서 양꼬치를 처음 먹어봤다는 외국인 친구들이 많았다. 이들이 정말로 신기해하는 건 바로 양꼬치를 굽는 그릴이다. 양꼬치를 얹어놓기만 하면 저절로 기계가 돌아가면서 양꼬치를 맛있게 구워준다. 그렇게 구워서 바로바로 먹으니 또 그 맛이 어마어마하다. 그리고 양꼬치와 함께 곁들이는 한국화된 중국 음식들도 맛있어하고, 익숙한 양고기를 꼬치로 새롭게 즐길 수 있어 외국인들이 무척 좋아한다.

외국인들이 신기해하는 음식들 중 마지막으로 소개할 것은 바로 빙수다. 통칭해서 '빙수'라고 말하는 이유는, 팥빙수의 '팥'을 처음 먹어보고 신기해하는 외국인들도 있지만 팥이 처음이라 별로 좋아하지 않는 외국인들도 있기 때문이다. 아시아 다른 지역에서도 다양한 빙수를 만나볼 수 있지만 특히 한국에는 빙수의 종류가 정말 많다. 특히 눈꽃빙수는 너무나도 부드럽고 맛있다. 한국적인 디저트를 맛보고 싶어하는 외국인들에게 수없이 빙수를 추천했지만 한 번도 실패한 적이 없었다.

음식에 대한 호불호는 크게 갈리는 게 사실이지만, 외국인들에게 한국 음식에 대한 임팩트와 신선한 충격을 안겨주고 싶다면 위 내용을 참고해보자. 한국에서 새로운 음식을 경험해보길 원하는 외국인들에게 위의 음식을 추천한다면 대체로 무척 좋아할 것이다.

외국인이 좋아하는
한국의 기념품 BEST 5

누구나 여행을 가면 꼭 하는 것, 바로 쇼핑이다. 특히 그 나라만의 기념품을 사는 일은 나의 여행을 추억하고 그때의 감정을 다시 소환하는 데 필수적이라 해외여행 시 크든 작든 기념품을 꼭 사게 되는 것 같다. 한국에도 여행 기념품으로 좋은 우리 고유의 것들이 많다. 그중에서도 특히 많은 외국인들이 한국에 와서 구입하고 만족했다는 선물들 그리고 외국에 나가서 한국적 선물을 주고 싶을 때마다 꼭 찾게 되는 공통적인 아이템들을 골라봤다.

외국인들이 좋아하는 한국 선물, 첫 번째는 바로 양말이다. 우리에게는 너무나 흔한 양말이지만 한국처럼 질 좋고 다양한 디자인의 양말이 있는 곳은 거의 없다. 각종 캐릭터들이 그려진 귀여운 양말이라든지, 트럼프나 김정은이 그려진 코믹 양말, 신라면이나 싸이가 그려진 한국적인 양말까지! 게다가 이런 개성 만점의 양말이 단돈 천 원, 약 1달러면 구입 가능하다. 또 겨울에는 수면 양말이라는 옵션도 추가할 수 있고 가격이 저렴해 대량 구입도 가능하다. 그래서인지 외국인들은 좋아하는 한국 선물로 항상 양말을 베스트로 꼽는다.

K뷰티가 대세인 요즘. 외국인 친구들이 나에게 자주 묻는 게 있는데, 바로 한국인들은 왜 이렇게 피부가 좋냐는 것이다. 동안에 좋은 피부결, 그리고 멋지고 예쁜 외모를 가지고 있는 한국인들을 보고 그

런 질문들을 많이 한다. 그래서인지 외국인들은 한국의 화장품에 많은 관심을 보인다. 기초부터 메이크업 제품까지 한국에서는 좋은 화장품들을 많이 찾아볼 수 있고, 로드샵 제품이라도 싸고 괜찮은 품질의 제품들이 많아 꽤 만족해한다. 가장 많이 찾는 뷰티템으로는 싸고 질 좋은 마스크팩을 들 수 있다. 마스크팩도 얼마나 종류가 많고 효능이 다양한지! 특히 귀여운 캐릭터가 그려진 마스크팩이라든지, 기능성 마스크팩은 많은 외국인들이 대량으로 구입하는 아이템들 중 하나다. 또한 인삼이나 건강에 좋은 성분이 함유된 다양한 화장품들을 합리적인 가격에 살 수 있어서 직장 동료나 가족, 여자 친구들에게 줄 선물로 정말 많이들 찾는다.

한국에 온 외국인들이 좋아하는 것 중 하나는 바로 한국 음식이다. 한국 고유의 맛있는 음식도 많고, 종류도 어찌나 다양한지! 외국인들도 본인 취향에 맞춰 즐길 수 있는 한국 음식을 참 좋아한다. 그래서인지 집에 돌아가기 전에 대형 마트에 들러서 한국 음식들을 많이 사간다. 김치 팩을 잔뜩 사가기도 하고, 간단하게 데워 먹을 수 있는 다양한 국과 찌개라든지, 간편하게 들고 갈 수 있는 김을 사가기도 한다(김은 사실 특유의 fishy한 맛 때문에 호불호가 갈리는 식품 중 하나이긴 하다. 그렇지만 다른 아시아 지역에서는 대부분 인기가 참 많다). 한국에서만 파는 달달한 과자도 좋아하고, 오미자 티, 한라봉 티 같은 전통차도 인기가 좋다. 개인적으로는 티설록에서 파는 예쁜 전통 디자인이 그려진 팩에 들어 있는 고급스러운 차를 참 좋아한다. 또한 한국 음식에서 절대 빼놓을 수 없는 소주도 팩으로 사갈 수 있어서 인기 있는 기념품 중 하나로 꼽힌다. 다른 나라에서 소주를 구입하려면 터무니없이 비싼 경우도 많고 소주를 찾아보기 어려운 경우도 있기 때문에 일부러 구입해가는 경우가 많다. 또한 소주 팩에 해당 소주를 광고하는 예쁜 광고 모델의 사진도 함께 있는 경우가 많아 그것 또한 특별한 선물이 되기도 한다.

한국의 전통적인 모습을 확인하고 또 기념품을 사기 위해 외국인들이 꼭 방문하는 곳은 인사동이다. 전통적인 무늬가 들어간 책갈피, 열쇠고리, 마그넷, 보석함 등등 다양한 제품들을 고를 수 있는데, 한국의 전통 무늬들이 워낙 독특하고 예뻐서 이런 제품들도 가장 무난한 기념품으로 꼽힌다. 특별한 선물들을 살 수 있는 곳이 바로 쌈지길인데, 그중에서도 내가 좋아하는 곳은 오르골 샵이다. 아리랑 같은 민속음악이 나오는 예쁜 전통적인 오르골을 구할 수 있어 외국인들에게 내가 종종 추천하는 곳 중 하나다. 한지로 제작된 전통적인 조명, '외국인' 같은 한글이 쓰여 있는 모자, 예쁜 한글 디자인의 티셔츠도 한국의 멋을 간직할 수 있는 좋은 아이템이다. 가장 특별한 한국적인 선물로는 한복을 꼽을 수 있는데, 한복은 어디서든 예쁘고 특별하다는 이야기를 들을 수 있는 아이템 중 하나다. 고급스럽고 전통적인 한복 그대로도 좋지만, 요즘엔 모던한 스타일의 한복, 즉 캐주얼 한복을 괜찮은 가격에 만나볼 수 있다. 게다가 그리 비싸지 않은 가격에 구입할 수 있으니! 특별 선물로 안성맞춤이다.

외국인들이 좋아하는 한국 선물로 마지막으로 추천하고 싶은 것은 수제 도장이다. 도장에는 한문 혹은 한글로 글자를 새길 수 있다. 외

여주 세종대왕축제에서
만난 부채

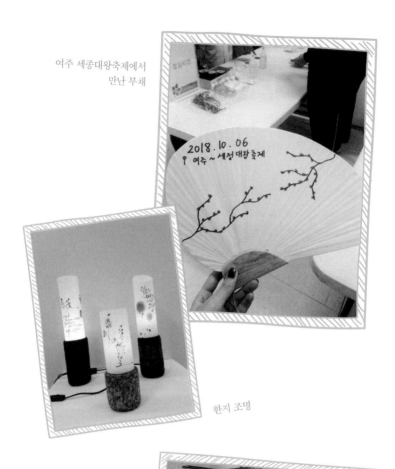

2018. 10. 06
♀ 여주 ~ 세정 대왕 축제

한지 조명

한복도
인기 만점

국인들은 본인의 이름을 한글로 표기할 수 있다는 점과 한글 발음으로 읽을 수 있다는 점을 너무 신기해한다. 그리고 수제 도장에는 다양한 전통 문양이라든지 본인이 좋아하는 문구를 새길 수도 있어 자기만의 맞춤 선물이라며 더욱 특별하게 여긴다. 사실 일상에서 도장을 사용할 일이 많지는 않지만, 기념품이나 선물로는 반응이 꽤 좋은 아이템이다.

많은 외국인들과 교류하면서, 그들이 좋아하는 한국 선물들을 함께 공유하고, 그리고 직접 한국 선물을 많은 외국인 친구들에게 주면서 느꼈던 것들을 토대로 글을 작성해봤다. 받을 사람이 좋아하는 것이 무엇인지 곰곰이 생각하고 꼭 맞는 선물을 고르는 것. 그래서 선물을 주는 사람도 받는 사람도 행복한 시간이 될 수 있으면 좋겠다. 마음을 전할 수 있는 특별한 선물들로 더욱 행복해질 수 있으면 좋겠다.

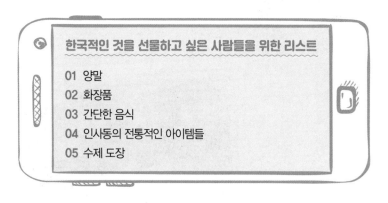

한국적인 것을 선물하고 싶은 사람들을 위한 리스트

01 양말
02 화장품
03 간단한 음식
04 인사동의 전통적인 아이템들
05 수제 도장

외국인이 말하는
Only in Korea, OINK

'OINK'라는 단어가 있다. 원래는 돼지 울음소리 '꿀꿀'을 영어로 'oink oink'라 한다. 그런데 한국에 사는 외국인들에게 oink라는 말은 Only in Korea를 줄인 표현으로 더 많이 알려져 있다. 외국인들은 한국에서만 찾아볼 수 있는 특징적인 문화를 접할 때마다 OINK라는 말을 쓰면서 한국의 문화를 이야기하곤 한다. 특히 페이스북을 더 활발히 이용하는 외국인들에게 꽤 유명한 OINK라는 페이스북 그룹도 있다. 돼지 캐릭터가 그려져 있는 이 그룹 방에서, 한국인들은 그냥 지나치기 쉬운 다양한 주제에 대해 대화를 나누는 모습을 종종 마주치곤 한다. 물론 여기에는 긍정적인 것도 있지만, 부정적인 이야기가 훨씬 많고 바보 같은 것들도 많다. 이 페이스북 그룹에서뿐만 아니라, 문화교류 활동을 통해 만난 외국인들에게 전해 들었던, 그리고 친한 외국인들에게 들어왔던 그들의 입장에서 바라본 한국만의 특징적인 것들에 대해 이야기해보고자 한다.

흥미진진한 한국의 술 문화

외국인들의 시각에서 한국을 대표하는 문화이면서 재미있고 신기해하는 것은 바로 술 문화다. 알코올 소비량이 많은 우리나라에서는 친구들끼리 혹은 회식을 하며 죽도록 달리는 경우가 많다. 술 게임은 또 어찌나 다양하고 재미있게 술을 마시는 방법도 어찌나 많은지. 조용히 앉거나 서서 혹은 대화 상대를 찾아 돌아다니면서 술을 마시는 문화권의 외국인들은 우리 음주 문화를 재미있어한다. 1차에서 끝나지 않는 술자리도 많은데, 이렇게 다양한 자리에서 다양한 방법으로 술을 마시는 걸 무척 좋아한다. 그 외에도 잔은 항상 다른 사람이 채워줘야 한다는 것, 윗사람 앞에서는 고개를 돌려 마셔야 한다는 것 등 우리의 술 문화에 호기심을 느끼고 배우고 싶어하는 외국인들도 많다.

또한 우리는 대체로 안주와 함께 술을 즐기지만 외국에서는 보통 술만 마시는 경우가 많다. 특히 아시아인의 30%가 가지고 있다는 Asian flush는 체내에 알코올을 분해하는 효소가 없어서 술을 마시면 얼굴이 심하게 빨개지는 증상인데, 외국인들에게는 흔한 일이 아니기에 한국적인 현상으로 여기기도 한다. 흔히 한국에서는 술이 센지 아닌지를 얼굴이 빨개지는 정도로 판단하기도 하는데, 술이 세냐는 질문 자체를 들어본 적 없는 외국인들도 많다. 그리고 그런 질문을 직장에서 흔히 한다고 하면 또 충격을 받는다.

한국의 술 문화 중 외국인들이 가장 특징적으로 꼽는 것은 바로 어디서든 술을 살 수 있다는 것이다. 술을 파는 매장, 즉 Liquor shop 같은 곳에 가야만 술을 살 수 있는 영미권과 달리 한국에서는 편의점이나 마트 같은 가까운 곳에서 언제든 쉽게 술을 살 수 있다는 것이다. 그리고 그 술을 야외에서도 마실 수 있다는 게 너무 좋다고 한다. 그래서인지 한국에 오래 거주한 외국인들은 편의점 앞 테이블에서 싸고 간단하게 술을 마시며 이야기 나누는 것을 좋아하는 경우가 많다. 한편, 매일같이 회식을 하면서 쓰라린 위를 부여잡고 새벽같이 출근하는 한국의 직장인들이 대단하다고 말하는 외국인들도 많다. 한국의 술 문화는 외국인 입장에서 정말 할 말 많은 대표적인 OINK일 것이다.

꽁냥꽁냥 귀여운 커플 문화

외국인들 중에는 한국의 커플 문화를 OINK로 꼽는 경우가 많다. 먼저, 외국인의 시선에서 한국 커플 문화의 대표적인 것이 바로 다양한 커플 아이템이다. 커플 티셔츠부터 커플 신발, 커플 롱패딩, 커플 시계, 커플 모자 등등. 이런 모든 패션 아이템을 완벽하게 세트로 맞춘 커플들을 보면서 너무 귀엽다고 말하는 외국인들도 있지만, 정말 이상하다고 말하는 이들도 있다. 그러고 보면 다 개인의 취향 차이인 것 같다. 그렇지만 거의 모든 외국인들이 'too much'로 꼽는 것이 있으니, 바로 커플링이다. 그들은 결혼할 사이가 아닌 단순한 연인 사이에 커플링을 맞추는 게 몹시 이상하다고 생각한다. 커플링은 결혼을 했을 때만 맞춰서 끼는 걸로 여기기 때문이다.

한국 연인들의 데이트 풍경도 외국인들에겐 생소하게 느껴지는 것 같다. 우리는 영화관과 레스토랑, 카페 등을 오가며 주로 밖에서 데이트를 하는 경우가 많은데, 서양문화에서는 데이트를 집에서 많이 한다. 물가가 워낙 비싸서 밖에서 즐기는 데이트 비용을 무시할 수도 없고, 한국에서는 가족이 다 같이 사는 경우가 많아 보통 집에서는 잘 놀지 않아서 그럴 것이다. 또 한국의 연인들이 자주 찾는 다양한 룸들도 신기해한다. 한국에 오래 있어서 한국을 잘 아는 외국인들은 오히려 이 룸 데이트를 즐기기도 한다.

한편, 대표적인 콩글리시 중 하나인 연인 사이의 스킨십_{skinship}은 영어로 정확히 표현하자면 physical affection 정도가 된다. 이미 스킨십이라는 말 자체가 없는 외국인들은 애정 표현, 즉 스킨십에 있어 훨씬 더 자유분방한 듯하면서도 또 막상 그렇지는 않은 것도 같다. 한국에서는 연인끼리 손을 잡고 다니는 것이 무척 자연스러운 모습이지만, 서양권에서는 아무리 오래된 연인이라도 손을 잡고 다니거나 팔짱을 끼는 경우가 오히려 잘 없다. 반면 진한 키스를 어디서나 서슴없이 나누는 외국인 커플들을 보면 또 그 스킨십의 정도가 다른 것 같기도 하다. 외국인과의 연애가 점차 늘어나고 있는 요즘, 각국의 너무 다른 커플 문화는 정말 흥미로운 주제가 아닐 수 없다.

왜 이리 다들 스타일이 비슷해?!

한국인들이 많은 길거리를 지나갈 때면 외국인들이 꼭 물어보는 게 있다. 왜 한국인들은 모두 비슷한 스타일을 하고 있고 다 똑같아 보이느냐는 것이다. 다들 비슷한 스타일의 겉옷을 입고, 이번 시즌 유행하는 신발을 신고, 비슷비슷한 아이템을 들고 다닌다는 것이다. 마치 그 시즌에 맞는 특정 옷차림이 정해져 있는 것 같다는 것이다. 얼굴을 반쯤 가리는 커다란 안경, 흡사 버섯을 닮은 덥수룩한 앞머리의 헤어스타일, 아줌마들의 한결 같은 펌 헤어 등등. 각자의 개성을 살린 스타일보다 그때그때 유행하는 것들을 그대로 수용한 비슷비슷한 스타일이 많다고들 말한다.

또 외국인 여자 친구들이 많이 말하는 게, 한국 여자들의 메이크업 스타일도 너무 비슷해서 별다른 특징이 없다는 것이다. 많은 이들이 같은 스타일을 유지하려고 하는 게 정말 신기하다고 말한다. 실제로 해외에 여행을 가보면 그곳이 어디든 한국인 여행자는 티가 나는 편이다. 특히 해외 휴양지에선 한결같이 꽃무늬 셔츠 혹은 드레스에 큰 창이 있는 밀짚모자 스타일이 많이 보인다. 이 모든 것은 유행에 민감한 한국 문화를 대변해 보여주는 한편, 너무 튀는 사람은 이상하게 여기고 나와 다른 사람은 나쁘다고 판단하는 한국 사회를 다소 반영하고 있는 듯하다.

휴지가 왜 거기서 나와?!

외국인들이 한국에 와서 가장 실질적으로 놀라는 건 바로 휴지다. 일명 두루마리 휴지로 알려져 있는 이 휴지는 우리 집 안 곳곳에서 그리고 어디서나 흔히 볼 수 있는 물품이다. 그런데 서양에서는 이 휴지를 화장실에서만 쓰는 화장실 휴지로 여긴다. 그래서 이 화장실 휴지가 식탁 위에 떡하니 올라와 있는 걸 보면 엄청난 충격을 받는다. 그들은 식당에서 주로 각티슈나 곱게 접혀 있는 휴지를 쓰고, 다른 아시아권 국가들의 경우 휴지를 제공해주는 레스토랑을 쉽게 찾아볼 수 없기에 직접 자신만의 휴지를 들고 다니는 경우가 많다.

또한 물티슈가 흔한 것도 한국의 특징 중 하나다. 해외에서 물티슈는 주로 아기들을 위한 용도로만 쓰인다. 그래서 마트에서 물티슈를 파는 경우도 흔치 않고, 또한 물티슈를 이곳저곳에서 유용하게 사용하는 한국의 문화를 신기해한다. 실제로 외국에서 물티슈를 사봤는데 아기 엉덩이를 닦는 용도로 사용되는 뽀송뽀송한 물티슈만 구할 수 있었다. 평소 너무나 당연하게 생각하는 휴지를 이렇게 다르게 느낄 수도 있다는 게 정말 신기하다.

타월이 왜 이리 작아?!

한국에 온 외국인들이 놀라는 것 중 또 다른 하나는 바로 수건이다. 우리가 욕실에서 흔히 쓰는 일반적 사이즈의 수건을 보면서 외국인들은 이렇게 작은 타월로 어떻게 온몸을 닦을 수 있느냐며 깜짝 놀란다. 그들은 우리가 목욕 타월 혹은 비치 타월이라 부르는, 호텔에서나 흔히 볼 수 있는 큰 타월을 주로 사용한다. 한국에 온 외국인들을 당황시키지 않으려면 수건 사이즈부터 체크해보는 게 좋을 것이다.

한국에서 살면서 우리는 너무나 당연하게 여기고 있던 것들을 외국인의 입장에서 바라보면 정말 신기해 보인다. 한국에선 별것 아닌 것들이 그들에게는 지극히 한국적인 문화로 여겨질 수 있고 신선한 충격을 안길 수도 있다. 이 밖에도 다양한 OINK가 있는데, 가장 대표적인 것 몇 가지만 적어보았다. 외국인들과의 교류를 통해 새로운 시각에서 한국 문화를 바라보는 일은 무척 매력적이다. 그리고 OINK를 통해 살펴보는 한국 문화는 더욱 흥미진진하다.

외국인이 무조건 좋아하는
한국 음식은?

한국을 방문하는 외국인들이 많아지면서 한식에 대한 관심도 높아지고 있다. 음식은 그 나라의 문화를 말해주는 수단 중 하나이기도 하고, 음식에 대한 좋은 추억이 그 나라의 전체적인 인상을 결정하기도 한다. 한국인이 많이 포진해 있는 해외 지역 출신의 외국인이라면 한국 음식이 익숙할 것이다. 한인타운이 크게 조성되어 있는 미국 LA에는 '명랑핫도그'까지 있다고 하니, 다양한 한식을 접하고 또 실제로 먹어본 외국인들도 많을 것이다. 하지만 여전히 한국 음식에 대해 듣도 보도 못한 외국인들도 많다. 김치처럼 유명한 한국 음식은 매스컴에서 몇 번 들어봤을 수 있지만 굳이 찾아서 먹어보지 않은 외국인들도 많을 것이다. 또한 사람마다 음식 취향이 워낙 다르기에, 한국에서 오래 거주해온 외국인이라도 매일 한식을 먹는 사람도 있고 한식을 잘 먹지 않는 사람도 있다. 그렇다면 외국인 친구들에게 소개했을 때 절대 실패하지 않는 한국 음식엔 뭐가 있을까? 그들이 무조건 좋아하는 한국 음식 다섯 가지를 꼽아보았다.

한식 중에서 모든 이들의 사랑을 받는 건 바로 한국식 고기구이다. 영어로는 보통 Korean BBQ라고 한다. 삼겹살pork belly, 오겹살, 갈매기살, 갈비, 왕갈비, 양념갈비, 불고기, 한우 등등. 외국에서 먹는 스테이크나 바비큐와는 다른 한국 스타일의 고기구이를 외국인들은 무척 좋아한다. 한국식 고기구이가 그들의 애정을 듬뿍 받는 이유는 바로 고기를 먹는 스타일 때문이다. 테이블 한가운데 불을 피우고 그 위에 식당들 특유의 독특한 팬을 올려 직접 고기를 구워 먹다니! 그리고 그 위로 연기를 빨아들이는 통이 있는가 하면, 버튼 하나 누르면 직원이 바로 달려오고 부족한 반찬은 리필까지 해준다. 또, 고기를 쌈에 싸서 먹는 모습도 그들에겐 마냥 색다르다. 상추와 깻잎 위에 각종 야채와 고기를 얹고 한입에 쏙 집어넣는 모습이란! 그리고 쌈장은 외국인들이 특히 좋아하는 소스다. 밥에 쌈장을 잔뜩 얹어서 비벼먹는 친구들도 있다. 한국식 고기구이를 유난히 좋아하는 외국인들은 명이나물과 와사비를 꼭 찾곤 하는데, 요즘 고깃집에서 이 두 가지를 함께 내놓는 경우가 많아 그런 것 같다. 아무튼 한국의 고기를 한국 스타일로 먹어본 외국인들은 거의 예외 없이 최고의 찬사를 연발하곤 한다.

　한국에 있는 치킨집이 전 세계 맥도날드 매장 수보다 많다고 한다. 그만큼 한국에선 어디서나 쉽게 치킨집을 찾아볼 수 있고, 한국을 방문한 외국인들도 꼭 먹어보는 게 치킨과 맥주의 환상적 조화, 즉 치맥Chimak이다. 치맥은 한국인들 사이에서도 부동의 인기 메뉴지만 외국인들도 정말 좋아한다. 특히 한류의 영향 때문인지, 드라마에서 치맥을 즐기는 장면이 종종 등장하면서 치맥을 알고 있는 외국인도 많아졌고, 해외에 치맥 레스토랑도 많이 생겨나고 있다. 닭튀김인 치킨은 거의 모든 나라에서 찾아볼 수 있는 흔한 음식이지만, 한국의 치킨은 조금 다른 측면이 있다. 닭튀김의 기본이라 할 수 있는 프라이드 치킨은 물론이고 각종 양념에 버무린 다양한 치킨을 맛볼 수 있고, 또 맥주를 곁들이면 환상의 케미가 완성된다. 또한 배달 음식의 대명사라 할 정도로 어디서나 치킨을 주문할 수 있다는 것도 무척 신기해서 나는 종종 외국인 친구들에게 치킨을 배달시켜주기도 했다. 야구장에서, 한강에서, 스포츠 경기를 보면서, 야외 나들이 가서 혹은 야식으로 언제 어디서나 즐길 수 있는 한국의 치맥. 전 세계적으로 닭튀김을 좋아하지 않는 사람은 거의 없을 테니 외국인 친구에게 추천하기에도 손색없는 음식이라 할 수 있다.

한국 음식 중에는 닭이 들어가는 음식이 많다. 닭을 주재료로 하는 요리 중에서도 특히 외국인들이 좋아할 만한 음식이 찜닭이다. 찜닭은 유럽의 스튜나 북미 대륙의 집밥과 매우 유사하다. 또한 닭과 간장 소스는 외국인들도 친숙해하는 맛이다. 여기에 각종 야채와 당면까지 잘 어우러지는 찜닭은 누구나 좋아할 만한 음식이다. 요즘엔 찜닭 위에 치즈를 잔뜩 얹기도 하고 매운 맛을 강화한 찜닭도 있는데, 외국인들이 최고로 꼽는 것은 기본적인 간장 베이스의 찜닭이다. JJIM DAK이라는 이름으로 많은 외국인들의 사랑을 받고 있는 찜닭은 내가 외국인 친구들에게 추천했을 때도 한 번도 실패한 적 없는 음식 중 하나다.

가장 한국적인 음식을 꼽으라면 절대 빼놓을 수 없는 것이 바로 한정식이다. 어떤 메인 요리를 선택했느냐에 따라, 어떤 밥과 찌개 혹은 국을 선택했느냐에 따라 달라지기도 하지만, 대체로 한정식이라 하면 다양한 반찬을 밥과 함께 즐기는 형식이다. 특히 외국인 친구들

마이서울가이드에서 진행한 쿠킹 클래스

마이서울가이드에서 진행한 런치 모임

과 한정식집에 가면 처음 본 채소들과 처음 접하는 요리 스타일에 신기해하는 경우가 많다. 한정식은 채식주의자들도 마음 놓고 먹을 수 있고 건강식을 선호하는 외국인들에게도 반응이 좋다. 한정식의 포인트는 다양한 반찬들이 끊임없이 나온다는 점인데, 우선 그 가짓수에 놀라고 그걸 다 먹으면 더 가져다주는 데 또 한 번 놀란다. 그래서 나는 한국에 온 귀한 외국 손님들을 한정식집으로 모시고 가서 그 어마어마한 상차림에 감동하도록 만들곤 한다. 비빔밥도 한정식과 비슷한 느낌이라 따로 항목을 지정하진 않았지만 비빔밥 역시 대표적인 한국 음식이다. 야채와 고추장, 그리고 그 맛의 조화를 싫어하는 외국인은 없었다. 간단한 점심 백반부터 다양한 고급 반찬이 나오는 비싼 한정식까지, 비주얼과 양 그리고 맛 모두를 만족시킬 수 있는데는 한정식만 한 것이 없다.

우리가 한국에서 흔히 즐기는 짜장면, 짬뽕, 탕수육은 엄밀히 말하면 한국 스타일의 중국 음식이라고 해야 할 것이다. 더 강하고 센 향신료를 사용하는 중국 요리를 한국 스타일로 재현한 중국 음식도 외국인들 사이에 인기가 높다. 중국인들도 한국에 오면 이런 새로운 스타일의 중국 음식을 즐겨 먹는다. 외국인들이 특히 좋아하는 게 짜장면이다. 춘장 맛에 거부감도 없고 그걸 면에 비벼 먹는 걸 재미있어한다. 탕수육은 북미 대륙권에서 온 외국인들이 집에서 먹어본 맛과 비슷하다고들 말한다. 돼지고기 튀김 위에 새콤달콤한 소스를 곁들인 그 맛에 중독되는 친구들이 많다. 오직 한국에서만 맛볼 수 있는 한국 스타일의 중국 음식 역시 외국인 친구들과 즐기기에 딱 좋은 음식이다.

사실 전 세계 나라들 중에는 그 나라를 대표하는 음식이 없는 경우도 있다. 이에 비해 한식은 세계적 위상을 자랑해도 좋을 만큼 다양한 종류와 감동적인 맛이 있다. 그중에서 외국인들 누구나 좋아할 만한 한식을 5개만 꼽아보려니 쉽지 않았다. 자부심을 가져도 될 우리의 한국 음식. 한식의 세계화로 더욱 많은 외국인들이 한식을 즐겨먹을 수 있으면 좋겠다. 그리고 외국인 손님이 한국을 방문할 때 혹은 한식에 대해 외국인들이 물어볼 때 이 글을 참고로 그들에게 꼭 추천해줬으면 좋겠다. 음식으로 그 나라의 전체적인 인상이 결정되기도 하니까 말이다.

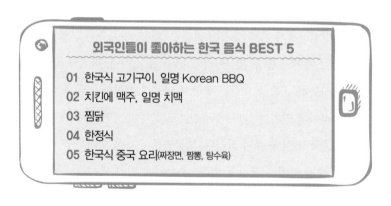

외국인들이 좋아하는 한국 음식 BEST 5

01 한국식 고기구이, 일명 Korean BBQ
02 치킨에 맥주, 일명 치맥
03 찜닭
04 한정식
05 한국식 중국 요리(짜장면, 짬뽕, 탕수육)

실전! 외국인 친구들과 본격적으로 어울려 놀기

외국인들과 영어로 대화하기 좋은 주제 BEST 5

우리는 영어 교과서 첫머리에서 배웠다. 처음 외국인을 만나면 영어로 어떻게 인사하는지, 그리고 어떤 이야기를 하면 되는지. 대표적인 예로는 "Hello, how are you?"라고 묻고, "I'm fine, thank you"라고 대답하기다. 또 오늘의 날씨와 직업에 대한 소소한 대화를 나누는 법도 배웠다.

하지만 실제로 외국인을 만나는 현장에서는 학교에서 배웠던 것과는 다른 상황이 전개된다. 왠지 모를 부끄러움을 느끼며 "I'm fine, thank you. And you?"라고 말하고 나면, 거기서 그냥 대화가 끝나고 만다. 영어가 많이 부족해서가 아니라 어떤 이야기를 나눠야 할지 몰라서 그냥 이렇게 어색하게 끝나버리는 것이다. 특히 영어권 문화에서는 (별로 궁금하지 않아도) 서로 친해지기 위한 Small talk가 필요하다. 우리가 교과서에서 배웠던 Small talk 주제들인 날씨와 직업 이야기

이외에, 한국에서 만난 외국인들과 Small talk를 넘어 대화를 계속 이어나가기 좋은 주제들이 있다. 이에 대해 살펴보기로 하자.

① __ 한국에 온 이유, 혹은 한국에서 좋은 점 물어보기

먼저, 한국에 온 외국인들이라면 누구나 쉽게 대답할 수 있는 주제, 즉 한국에 온 이유와 언제 한국에 왔는지 물어보는 것부터 시작할 수 있다. 그리고 전부 다 그렇다고는 할 수 없겠지만, 어쨌든 한국을 방문했다면 기본적으로 한국에 대한 관심과 애정을 가지고 있을 것이다. 한국에 온 이유가 여행이든 비즈니스든, 한국에 와서 직접 경험하며 좋았던 점이라든지, 특히 인상적인 게 있었는지 등, 한국에 대한 질문들로 대화를 이어갈 수 있다. 실제로 '한국에서 좋은 게 뭐야?'라고 물어보면 정말 다양한 생각과 답변을 들을 수 있다.

★ 영어 표현 ★

- How's your life in Korea?
- What do you like to do in Korea?
- What's your favorite thing in Korea?

② __ 한국 음식에 대해 이야기하기

외국인들이 한국에서 좋아하는 것 중 절대 빠지지 않는 것이 바로 음식이다. 음식은 언제나 무난하고 좋은 대화 주제다. 특히 한식의 경우 종류도 다양하고 맛도 좋기에 할 이야기가 무궁무진해진다. 한국 음식은 선택의 폭이 정말 넓다. 그래서인지 외국인들에게 가장 좋아하는 한국 음식을 꼽으라고 하면, 너무 많아 답하기 어렵다고 말하는 경우가 많다. 그만큼 한식을 좋아하는 외국인들이 많으니, 특별히 좋아하는 한국 음식이 무언지 꼭 물어보자(외국인들이 좋아하는 한국 음식 BEST 5는 앞에서 확인해볼 수 있다).

★ 영어 표현 ★

- Do you like Korean food?
- What's your favorite Korean food?

03 __ 한국만의 독특한 문화에 대해 이야기하기

외국인들과의 대화에서 절대 빠질 수 없는 주제가 바로 각국의 문화다. 한국에 온 외국인들에게 한국의 독특한 문화에 대해 알려주면 호기심으로 눈이 반짝거린다. 우리는 너무 일상적이라 특별히 생각해보지 않았던 것들이, 외국인들의 시각에선 신기한 경우가 많이 있다. 그중에 내가 꼭 알려주는 것이 한국식 나이Korean age다. 한국에서는 태어나자마자 한 살이 되고, 1월 1일이면 다 같이 나이를 먹는다고 말해주면 다들 크게 놀란다. 그들은 대체로 생일이 지나야 한 살을 더 먹기 때문이다. 한국식 나이에 대해 대충 들어서 알고 있는 경우도 있지만 아예 처음 듣는 외국인도 많다.

또한 매월 14일에 해당하는 각종 '데이'들도 신기하게 여긴다. 사랑하는 사람끼리 서로 선물을 주고받는 서양식 밸런타인데이와 달리,

한국에선 그날에 여자가 남자 친구에게 초콜릿을 선물하고 그 외에도 화이트데이와 빼빼로데이 같은 특별한 날이 있다고 알려주면 무척 재미있어한다. 이렇게 한국만의 특이한 문화를 알려주다 보면 다른 주제를 찾으려 딱히 애쓰지 않아도 저절로 대화가 무르익어간다.

04 __ 한국 로컬들만 아는 꿀팁 알려주기

한국의 현지인들만 아는 특별한 정보도 좋은 대화 주제가 될 수 있다. 여행 가이드북에 나와 있는 일반적인 정보들 대신, 현지인으로서 알려줄 수 있는 생생한 정보를 제공해주는 것이다. 언뜻 거창해 보이겠지만 그렇지도 않다. 예를 들면 이런 것이다. 내가 특히 즐겨 찾고 좋아하는 지역이나 맛집, 명동 이외에 쇼핑하기 좋은 곳, 제철 음식, 서울 이외에 방문하면 좋을 예쁜 도시 등에 대해 알려주는 것이다. 한국인 친구가 알려주는 개인적인 꿀팁들을 외국인들은 참 좋아한다. 나는 주로 내가 좋아하는 삼겹살 맛집, 걸어 다니기 좋은 고즈넉한 서촌, 서울의 센트럴 파크인 서울숲에 꼭 가보라고 귀띔해준다.

05 __ 실생활 한국어 가르쳐주기

마지막으로, 외국인들에게 꼭 필요한 한국어를 가르쳐주는 것이다. 한국어 교과서에나 나올 법한 고지식한 표현들 대신, 당장 그 상황에서 써먹을 만한 재치 있는 표현이나 한국에서 요즘 많이 쓰는 유행어slang 등을 알려주면 서로에게 유익한 대화를 이어갈 수 있다. 언제 어디서나 쓸 수 있는 '감사합니다'와 'Excuse me'를 많이 쓰는 외국인들에게 유용한 '잠시만요', 혹은 술잔을 기울일 때 '건배'나 '짠'을 외치면 좋다고 알려준다든지, 눈앞에 있는 것들을 한국말로 어떻게 말해야 하는지 알려줘도 좋다. 이런 기본적인 표현을 한국어로 어떻게 말하고 어떻게 발음하는지 알려주다 보면, 대화가 정말 끊임없이 이어진다.

외국인들을 만나 영어로 많은 대화를 하고 싶었지만 어떤 주제가 좋을지 몰라 벙어리가 되었던 분들에게, 위의 내용이 유용했으면 좋겠다. 어쨌든 대화의 기본은 소통이다. 이런 주제들을 기본 삼아 더욱 다양한 주제로 보다 풍성한 소통을 할 수 있길 바란다.

외국인들에게 지켜야 할 기본 매너 4가지

짧든 길든 우리는 사람과 사람 사이에 소통을 하게 된다. 소통에는 사회적, 문화적인 차이에 대한 이해가 필수적이다. 동양에서는 인간을 독립된 개인보다는 집단의 구성원으로 보고 서로 긴밀하게 연결되어 있다고 본다. 이는 농경문화에 기반한 집단의 협력과 조화를 중요시하는 문화적 특징으로, 이를 '고맥락 사회'라고 한다. 하지만 서양에서는 그리스에서처럼 해상 무역과 상업이 발달하면서 개인과 자율성을 강조해왔다. 그래서 인간을 독립된 개인으로 보고, 집단과 개인을 구분하는 '저맥락 사회'를 형성해왔다. 역사적, 문화적 배경 차이에 따른 사회적 차이점들이 있기에, 우리는 외국인들과 소통할 때 지켜야 할 매너를 생각해볼 필요가 있다. 특히 한국인들이 흔히 저지르는 실수 4가지를 꼽아보았다.

01 __ 몇 살이냐고 물어보지 말자!

가장 먼저 말하고 싶은 것은, "How old are you?"라고 나이에 대해 물어보지 말라는 것이다. 한국에서는 호칭 정리를 위해서라도 나이를 중시 여긴다. 단 한 살 차이뿐이라 해도 예외가 없다. 하지만 영어에는 공손하게 표현하는 방법만 있을 뿐, 존댓말이라는 개념 자체가 아예 없다. 그래서인지 그들은 나이를 궁금해하지 않는다. 그리고 처음 만난 자리에서 나이를 묻는 것, 특히 여성에게 나이를 묻는 것을 엄청난 실례라고 생각한다. International age, 즉 '만 나이'를 정확하게 따져보는 게 혼란스럽기도 하고, 실제로 나도 지금 친하게 지내는 외국인 친구들의 정확한 나이를 모르는 경우가 많다. 또 나의 부모님 뻘인 나이 많은 외국인과도 진짜 친구처럼 격의 없이 지낸다. 형, 오빠, 누나, 언니 등의 호칭을 생략하고 이름만으로 서로를 부르는 이런 자유로움이 참 좋고 신기하다.

02 __ 외모 지적하지 말자!

한국에서의 외모 칭찬이 외국에서는 먹히지 않는 경우가 있다. 이는 아름다움에 대한 기준이 달라서인데, 대표적인 예를 들어보자면

'얼굴이 작다', '동안이다', '말랐다' 등이다. 외국인들은 타인의 얼굴 크기에 대해 언급을 아예 하지 않을뿐더러 '동안'이라는 말을 남자에게 하는 건 자존심을 건드리는 치명적인 말이 될 수도 있다(하지만 전 세계 여성들은 '동안'이라는 말을 칭찬으로 여기는 것 같다). '말랐다'는 표현은 특히 한국에선 칭찬으로 들릴 수도 있지만, 외국에서는 이 경우 '몸이 좋다' '몸이 건강하다'라는 표현이 더 일반적이다. 이런 구체적인 예들 외에도, 만나자마자 '왜 이렇게 살이 쪘어?'라든지, '오늘 피곤에 절어 보이네' 같은 직접적인 외모 지적도 절대 하지 않는다. 나쁜 외관이 눈에 띄어도 절대 그것에 대해 언급하지 않고, 작은 변화라도 폭풍 칭찬을 하고 고맙다고 하는 것! 이런 Small talk가 이루어질 때 관계가 훨씬 더 자연스러워진다.

03 __ 소리 내면서 먹지 말자!

식사 예절도 나라마다 너무 다르기 때문에 지켜야 할 기본 매너가 있다. 음식 문화도 너무 다르기 때문에 지켜야 할 매너들이 있다. 그 중에 대표적인 것은 바로 소리 내면서 먹지 않는 것이다. 국수 종류를 먹거나 할 때 우리는 '후루룩' 소리를 내면서 먹는 게 맛있게 먹는 것이라고 생각하지만, 음식을 먹을 때 소리를 내는 건 대체로 큰 실례가 된다. 그래서인지 무언가를 크게 소리를 내면서 마신다든지, 시원한 찌개를 먹고 '캬'라고 하는, 의성어가 많은 한국에서 이런 소리들을 내는 걸 언짢아 하는 경우가 있다. 또한 각자의 그릇이 아닌, 찌개 안에 숟가락을 넣어 같이 떠먹거나 하는 경우도 있는데, 그런 것들을 못 견뎌하는 외국인들도 종종 있다. 어디에서나 '쩝쩝'거리며 먹는 건 큰 실례인 것 같다.

04 __ 작은 실수라도 'Sorry'라고 표현하자!

한국에서 특히 듣기 어려운 영어 단어들은 바로 'Sorry' 혹은 'Excuse me'일 것이다. 매일 지하철에서 수많은 인파에 깔려보기도 하고, 서울 길거리를 걷다가 사람들과 부딪히거나 의도치 않게 사람들과 좁은 공간에서 몸이 닿는 경우가 있다. 외국인들은 '개인'을 중요시하는 성향이 있기도 하고, 특히나 영토가 크고 넓기 때문에 개인만의 '공간'을 갖게 되는 경우가 많아서 그런지, 처음 한국에 온 외국인들이 가장 충격을 받는 것 중 하나가 바로 이런 것들이다. 조금만 부딪혀도 곧바로 'Sorry'라고 하고, 양해를 구할 때는 'Excuse me'라고 하는 것! 누군가가 이쪽 길로 오는 것 같다 싶으면 길을 비켜주는 것 같은 기본적인 매너들을 인지하고 지키는 한국인들이 의외로 많지 않은 듯하다. 'Thank you' 못지않게 많이 쓰는 영어 표현 'Sorry'를 더욱 잘 기억하고 사용해야 할 것 같다.

다른 나라에서 온 수천 명의 외국인들과 소통을 하면서 직접 경험한 것들을 바탕으로 한국인들이 흔히 실수하는 기본 에티켓 4가지에 대해 이야기를 해보았다. 서로 다른 문화권이기에 이런 차이가 있음을 이해하는 게 가장 먼저일 것 같다. 그리고 칭찬을 하든 사과를 하든, 외국인 친구들과 소통을 할 때 기본적인 매너를 다시 한 번 확인하면서 서로 간에 매너를 지키며 좋은 소통을 해나갈 수 있으면 좋을 것 같다.

외국인 친구들과 한국에서 재미있게 놀고 싶다면?

여행을 하면서 유명한 관광지에 가보는 것도 물론 좋지만, 요즘 추세는 현지인들의 실생활을 체험해보는 것이다. 그래서 외국에서 '한 달 살기'를 해보기도 하고, 현지인들과 함께하는 프라이빗 투어도 느는 추세다. 그렇다면 한국에 오는 외국인들은 어떨까? 서울의 대표적 관광 명소인 경복궁과 명동 등에 가보는 것도 좋아하지만, 진정한 여행자라면 한국 현지인들이 일상적으로 하는 것들을 꼭 해보고 싶어한다. 많은 외국인 손님과 외국인 친구와 교류하면서, 그들이 한국의 로컬 문화를 즐길 수 있다면서 특히 좋아했던 것들 BEST 5를 정리해보았다.

01 __ 한강 나들이

추운 겨울을 제외한다면 언제든 좋은 곳이 바로 한강이다. 서울 중심을 가르는 큰 강이 있다는 게 인상적이고, 강 주변으로 밤도깨비 야시장이나 각종 먹거리들, 자전거나 기타 놀 수 있는 것이 많다는 것도 참 매력적이다. 그중에서도 한강의 진짜 매력은 바로 피크닉이다. 시원한 강바람을 맞으며 서울의 예쁜 경치를 볼 수 있고, 여유롭게 마냥 앉아만 있어도 그저 아름다운 한강. 특히 한국의 배달 문화를 제대로 느껴볼 수 있어서 외국인들이 참 좋아한다. 어떤 음식이든 배달시켜 먹을 수 있고, 내가 자리 잡는 모든 곳이 참 아름다운 곳! 물론 연트럴파크나 서울숲 등 개인적으로 좋아하는 예쁜 피크닉 장소들이 많지만, 역시나 한강을 빼놓을 수가 없다.

02 __ 시장

현지인들의 실생활을 생생히 엿볼 수 있는 곳이 시장이다. 나도 해외여행을 나가면 빼놓지 않고 들르는 곳 중 하나가 바로 시장인데, 한국에는 이런 전통시장이 많아서 참 좋다. 특히 가이드북이나 여행영상, 넷플릭스Netflix에도 소개되어 외국인들 사이에 가장 유명한 시장이 바로 광장시장이다. 빈대떡과 육회 등 각종 길거리 음식을 맛볼 수 있고 한국에 여행 온 전 세계 외국인들을 만나볼 수 있다. 광장시장은 외국인 친구들을 사귀기에도 참 좋은 곳이다. 옹기종기 앉아서 살을 부대끼며 음식을 먹어야 하니, 자연스럽게 옆자리 외국인과 대화를 나누게 되고, 특히 관광객이 많다 보니 한국 현지인들과 이야기하기를 참 좋아했다. 실제로 나도 광장시장에서 닭발을 먹다가 옆에 앉아 있던 말레이시아 부자 친구들이랑 인스타 친구가 되어 소통을 계속하고 있기도 하고, 모듬전을 먹다가 옆에 있던 캐나다 옐로우나이프에서 온 친구들에게 오로라로 유명한 그곳에 대해 직접 듣기도 했다(결론은 한국인들이 너무 많으니 와서 사업하면 성공할 거란 얘기였다).

한강에서 즐기는
'치맥' 파티

서울숲 나들이

서울숲 나들이

그 다음으로 유명한 시장이 노량진 수산시장이다. 한국에서 체험해볼 음식 일순위로 꼽히는 게 산낙지다 보니 많은 외국인들이 노량진 수산시장을 찾아 '산낙지 먹어보기' 도전을 하며 이색 체험 영상을 찍어 남기곤 한다. 이 외에도 해삼, 멍게, 개불과 같은 난생처음 보는 각종 해산물을 구경하며 신기해한다. 대체로 관광객에게 인기 많은 이런 시장 이외에 개인적으로 참 좋아하는 시장은 바로 엽전 도시락으로 유명한 서촌 통인시장과 망원시장, 그리고 떡볶이가 맛있는 독립문 영천시장이다. 이 밖에도 크고 작은 시장이 매우 많으니, 외국인 친구들과 한국적인 분위기를 제대로 느낄 수 있는 시장에 함께 가보길 꼭 추천한다.

03 __ 편의점 맥주, 일명 편맥

외국, 특히 북미권에서는 길거리에서 술을 마시는 게 엄격히 금지되어 있다. 술을 사려 해도 이른바 liquor store라는 주류 전문 취급점에서만 구입할 수 있고, 또 가게 문을 일찍 닫는 경우가 많아 술을 구하기가 쉽지 않다. 그래서인지 한국을 찾은 외국인들은 식당 어디서나 술을 판다는 점, 가까운 편의점에서 '4개 만 원'짜리 맥주를 언제든 구매할 수 있다는 점, 도수가 높은 소주를 싼 가격에 즐길 수 있다는 점에 매우 놀라워한다. 더구나 이런 상황에서도 알코올 중독자가 많지 않다는 점에 더욱 놀라워한다.

날씨가 좋다면 편의점 앞 테이블에서 외국인 친구와 도란도란 이야기를 나누며 맥주를 마시는 '편맥', 즉 '편의점에서 맥주 마시기'를 해보는 것도 좋을 것이다. 이를 영어로는 mart beer라 말하는데, 편의점에서 각종 안주를 함께 즐기며 싸고 재미있게 놀 수 있는 좋은 방법이라 할 수 있다.

04 ___ 아기자기한 카페

한국에 치킨집만큼이나 많은 것이 바로 카페다. 스타벅스 같은 유명 체인점은 말할 것도 없고 골목골목에도 아기자기한 카페들이 정말 많다. 예전엔 예쁜 카페들이 특정 구역에만 몰려 있었지만, 요즘엔 독특한 콘셉트를 자랑하는 카페들이 곳곳에 들어차 있다. 그래서 조금만 검색해보면 '인스타 감성 카페'라는, 인스타그램에 올리기 좋은 예쁜 사진을 찍을 수 있는 카페들을 쉽게 찾아볼 수 있다. 그래서인지 한국에 놀러온 외국인 여자 친구들은 이런 예쁜 카페에 방문하기를 참 좋아한다. 예쁜 사진을 찍을 수 있는 카페라면 꼭 방문해 인증사진을 남기고 개인 SNS에 올리는 친구들이 많은데, 이를 'cafe hunting'이라 부르기도 한다. 콘셉트가 독특하고 아기자기한 카페들이 워낙 많아 특정 카페를 추천하기가 쉽진 않지만, 개인적으로 좋아하는 곳은 특별한 분위를 자아내는 문래동 카페거리와 한옥 감성을 느껴볼 수 있는 북촌과 삼청동 거리다. 예쁜 인테리어를 자랑하는 카페들 이외에도, 반려동물 동반 카페나 공방 체험이 가능한 이색 카페들도 인기가 많다.

05 ＿ 노래방

풍류를 즐기던 우리 조상의 문화가 아직까지 줄기차게 이어지는 곳이 있다면 노래방이 아닐까 감히 생각해본다. 요즘 한국에서 크게 유행하는 것 중 하나가 바로 '코노'라 불리는 '코인 노래방'인데, 혼자서 가는 코인 노래방을 줄여서 '혼코노'라고 하기도 한다. 노래방은 함께 노래를 부르며 즐거운 시간을 보낼 수 있는 흥겨운 곳이다. 외국에도 이른바 가라오케karaoke가 있는데, 대개 술집에 노래방 기계가 무대 위에 한 대 정도 있어서 술집을 찾은 모든 사람 앞에서 불러야 하는 경우가 대부분이다. 아시아 다른 지역에도 한국의 노래방과 유사한 공간이 많지만, K-pop을 좋아해서 한국을 찾은 경우에는 특히나 노래방에 가서 자신이 좋아하는 가수의 노래를 부를 수 있다는 게 특별한 지점이다. 그래서인지 홍대의 유명 노래방에서는 한국어의 모든 가사 위에 영어를 소리 나는 대로 적어놓기도 한다. 예를 들어서 'BTS'의 노래 'DNA' 중 '우연은 아니니까'라는 부분은 한글 위에 'U yeo neun a ni ni kka'라고 적혀 있다. 한국은 노래방 시설도 너무 좋고, 자기가 좋아하는 가수들의 노래를 직접 가사를 보면서 부를 수 있다는 점에서 외국인들에게 인기가 많다. 단, 웬만하면 노래를 잘하는 한국인들과 달리 노래를 잘하는 외국인들을 만나보기 어렵다는 점은 염두에 두어야 할 것이다. 깜짝 놀랄 정도로 노래를 못하는 외국인들이 참 많아서, 그때마다 웬만하면 노래를 잘하는 한국인들이 자랑스러워진다.

마이서울가이드에서 진행한 티 파티

마이서울가이드에서 진행한
티 파티

마이서울가이드에서 진행한
티 파티 후기

외국인 친구들이 한국에 왔을 때 같이 해보면 좋을 만한 대표적인 것들을 정리해봤다. 그렇지만 사실 제일 좋은 것은 그 외국인 친구의 성향에 맞는 것들을 같이 해보는 것이다. 한국이라는 나라를 방문한 여행자의 입장임을 고려하면서, 그들이 한국에서만 해볼 수 있는 특별한 경험들을 좋은 친구와 함께할 수 있다는 것. 그래서 한국을 여행하며 소중한 추억들을 만들어나가는 것이 사실 제일 중요하다. 다른 문화권에서 왔기에 신기해하는 것이 많을 수도 있고, 내가 생각했던 것과 다르게 그들의 입장에서 별로인 것들이 있을 수도 있다. 그럼에도 외국인 친구들과 한국에서만 할 수 있는 것들을 함께해보면서 한국의 문화를 나누는 경험을 꼭 해보기를 바란다.

외국인에게 이런 질문 절대 하지 마세요!

외국인 친구들을 만들고 싶은 당신. 엄청난 용기를 내어 먼저 인사를 건네고, 어떻게든 Small talk를 조금씩 이어나가고 있다면 일단 박수를 보내고 싶다. 그런데 앞에서 다룬 Small talk 주제를 적절히 활용하면서 대화를 이어나가는 도중에 종종 실수하는 것들이 있다. 바로 절대 하지 말아야 할 질문들이다! 상대방의 문화적 배경이나 상황에 대해 먼저 생각해보지 않고, '외국인들은 이럴 것이다' 식의 선입견으로 자주 저지르는 실수들이 많다. 그런 것들에 대해 이야기해보려 한다.

첫째, 외국인들이 '안녕하세요' 혹은 '감사합니다'라고 한 마디 하고 나면 한국인들은 이렇게 말하곤 한다. "한국말 잘하시네요." 그런데 다시 한 번 생각해보자. 외국인들의 입장에서 보면, 그들은 'Hello'와 'Thank you'를 적절한 상황에서 말했을 뿐이다. 우리도 외국에 나가게 되면 가장 먼저 외워두는 표현이 이 두 가지 인사말일 것이다. 외국인들도 어떤 이유로 한국에 왔든 어쨌든 기본적인 인사말 두 가지는 준비해둘 것이다. 물론 그중에는 한국어를 유창하게 하는 외국인도 있을 수 있지만, 과연 우리는 이 간단한 인사말을 가지고 그들의 한국어를 가늠할 수 있을까? 그 사람과 더 많은 이야기와 깊이 있는 대화를 해봐야 그들의 진짜 한국어 실력을 알 수 있을 것이다. 단 몇 마디를 듣고서 섣불리 한국어를 잘한다며 칭찬 아닌 칭찬을 해주지 말자.

두 번째, 우리가 익히 들어 잘 알고는 있지만 실제 대화 상황에서 종종 범하는 실수가 있다. 바로 '나이'를 묻는 것이다. 영어회화를 처음 배울 때 'What's your name?' 다음으로 배웠던 'How old are you?'라는 표현은 사실 처음 만났을 때 하면 안 되는 무례한 질문이다. 유교문화권인 한국에서는 나이가 무척 중요하고, 게다가 처음 만났을 때 호칭을 정하기 위해 이름보다 나이를 먼저 묻는 경우도 있다. 반면 서양문화권에서는 나이에 상관없이 서로 이름을 부르고 친하게 지내는 경우가 많다. 부모님의 이름을 직접적으로 불러도 상관

없고, 나보다 나이가 한참 많거나 한참 어려도 모두가 친구처럼 지내곤 한다. 그만큼 그들에게는 나이가 중요하지 않다. 친해지고 난 후에 나이를 묻는 경우는 있지만, 그마저도 아무 이유 없이 그냥 묻는 경우가 많다. 친분이 웬만큼 쌓이기 전에는 나이에 대해 절대 묻지 말자.

세 번째, 외모에 대해 직접적으로 지적하지 않는 게 좋다. 한국인들은 애정이나 친밀감의 표현으로 만나자마자 외모 지적으로 대화를 시작하곤 한다. "왜 이렇게 살이 쪘냐?" 혹은 "오늘 스타일 왜 이래?" 같은 말들은 친한 사이이기에 장난 삼아 건네는 표현일 뿐이지만, 외국인들은 이런 말에 엄청난 충격을 받곤 한다. 특히나 칭찬이랍시고 외모에 대해 직접적으로 언급하는 일은 외국인들에게 너무나도 무례한 일이다. 예를 들어 얼굴색에 대해 말한다든지, 뚱뚱하다고 한다든지(미국의 수많은 슈퍼 뚱보들에 비해선 그리 뚱뚱하지 않은데도), 코가 크고 높다고 한다든지, 얼굴이 작다는 말 등이 그렇다. 다양한 배경과 문화에서 자란 수많은 외국인들은 한국인들과 다를 수밖에 없다. 나와 다르게 생겼다고 그걸 모두 지적할 필요도 없고, 칭찬이랍시고 외모에 대한 직접적인 언급을 하는 것은 무례한 것으로 받아들여질 수 있으니 항상 조심해야 한다.

네 번째, 음식에 관련된 질문들이다. "Do you like 김치?"는 한국인들이 외국인에게 가장 많이 물어보는 질문 중 하나다. 김치는 과학적으로 증명된 우수한 음식이고, 실제로 나도 김치를 누구보다 사랑하고 좋아한다. 여기서의 포인트는 김치의 우수성을 무시하자는 것이 아니라, 김치라는 하나의 음식만을 가지고 물어보는 질문이 이상할 수도 있다는 것이다. "What's your favorite Korean food?"라고 말문을 연 뒤에 김치에 대해 물어보는 게 훨씬 더 자연스럽다. "Do you like spicy food?"라는 질문도 많이 하는데, 매움의 개념은 나라마다 다르다. 같은 아시아권이라 해도 우리가 마라탕에서 느끼는 중국의 매움이 있을 수 있고, 멕시코의 핫소스에서 느껴지는 또 다른 매움이 있을 정도로 전 세계에는 정말 다양한 매운 맛이 있다. 외국인이라고 해서 전부 매운 음식을 못 먹는 게 절대 아니다. 각자의 기호와 취향에 따라 매운 음식을 좋아하거나 싫어할 수 있는 것이다. 그러니 '한국 음식=매운 음식'이라는 공식을 염두에 두고 매운 음식을 좋아하느냐고 물어보지 말자. 한 가지 더. 젓가락질 잘하느냐는 질문도 좋지 않다. 자국에서 아시안 음식을 먹어봤다면 젓가락질을 해봤을 게 너무나 당연하다. 마치 한국에만 젓가락질이 있다는 듯, 그들의 서툰 젓가락질을 신기해하면서 잘할 수 있냐고 물어보지 말자.

마지막으로, 연애와 결혼에 관한 질문들이다. 사실 생각해보면 다른 사람의 사생활에 대해 물어보는 건 엄청난 실례가 될 수도 있다. 남자 친구나 여자 친구가 있는지 직접적으로 물어본다거나, 결혼 여부에 대해 노골적으로 물어보면 절대 안 된다. 다들 개인마다의 사정이 있을 수 있고, 민감하게 반응하는 경우들이 많기 때문이다. 자신의 개인사에 관해 말하고 싶었다면 아마 처음 소개하는 자리에서 언급했을 것이다. 그러니 그들이 먼저 말하기 전에는 굳이 연애와 결혼에 대해 먼저 직접적으로 물어보지 말자.

마이서울가이드에서 진행한
서핑 트립

마이서울가이드에서 진행한
스키 트립

마이서울가이드에서 진행한
쿠킹 클래스

우리는 상대가 누구든 말이 잘 통하는 대화를 이어나가고 싶어한다. 다만 상대가 외국인일 경우에는 우리와 다른 문화와 생활방식 탓에 악의가 있는 질문이 아닌데도 전혀 다른 뜻으로 전달되어 실례가 될 수도 있다. 질문을 하고 대화를 하는 이유는 좋은 관계를 이어나가고 싶기 때문이라는 걸 잊지 말자. 그리고 외국인들이 한국에 대해 전혀 모를 거라는 섣부른 생각으로 너무 뻔하거나 실례가 될 수도 있는 질문은 지양하도록 하자. 그런다면 좀 더 자연스럽고 친밀한 관계를 유지하며 외국인 친구들을 만날 수 있을 것이다.

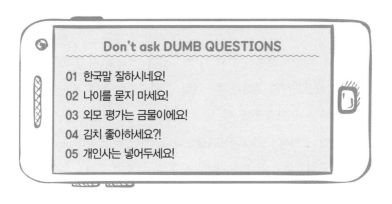

Don't ask DUMB QUESTIONS

01 한국말 잘하시네요!
02 나이를 묻지 마세요!
03 외모 평가는 금물이에요!
04 김치 좋아하세요?!
05 개인사는 넣어두세요!

외국인과의 연애,
그 실상

외국인과의 연애가 갖는
3가지 장단점

세상엔 정말 다양한 종류의 사랑이 있다. 사랑을 하고 또 사랑을 받는 그 과정에서의 설렘과 두근거림, 그리고 그 사람을 만나면서 더욱 성장하는 내 모습을 볼 때, 더욱 사랑하고 싶어지곤 한다. 여러 가지의 사랑 중에서 내가 다른 사람보다 조금 더 많이 해본 게 있다면 바로 외국인들과의 연애다. 생김새도 너무 다르고 언어도 다른데 어떻게 사랑에 빠질까 싶기도 하겠지만, 결국 외국인과의 사랑도 사람과 사람 사이의 관계이므로 나와 맞는 사람을 만나게 되면 당연히 사랑에 빠지게 된다. 다른 모든 사랑이 그러하듯이 말이다. 일반적인 연애에도 장점과 단점이 있는 법. 특히 외국인과의 연애에는 크게 3가지 특징이 있다.

달라도 너무 다른 우리! 이대로 괜찮은 거니?

먼저, 너무나도 다르다는 점이다. 세계지도에서 보면 점 하나에 불과한 한국에서도, 자라온 지역과 동네 혹은 나이에 따라 살아온 배경과 문화가 달라지곤 한다. 한국 내에서도 이러한데, 다른 문화권 출신이라면 당연히 너무나도 다른 문화 차이를 느낄 수밖에 없다. 외국인과의 연애는 이 다르다는 점이 큰 특징으로, 서로에게 장점과 단점이 될 수 있다. 먼저, 새로운 것을 경험해보기를 좋아하는 호기심 많은 사람, 그리고 항상 무언가 배우는 걸 좋아하는 사람에게는 큰 장점이 될 수 있다. 예를 들어서, 길거리에서 마주친 '임대'라는 글씨를 보고는 왜 모든 건물에 저 글씨가 쓰여 있는지, 임대라는 사람이 부자인지 물어보는 걸로 이야기가 시작되기도 한다. 이게 한국의 거주 문화와 다른 나라의 거주 문화를 이야기하는 소재가 되고, 그리고 앞으로 살고 싶은 집에 대한 이야기로 이어지는 등 정말 작은 것에서 모든 대화가 시작되어 무궁무진한 대화를 나눌 수 있게 된다. 그리고 길거리를 지나다닐 때 너무나 당연하게 붙어 있는 '임대'라는 글자가 이제는 새로운 관점에서 보이게 된다. 거의 모든 대화가 이런 식으로 이루어지기 때문에, 커플 간 정말 다양한 소재로 이야기를 계속해나가며, 많은 대화를 하는 건강한 커플이 된다.

그렇지만 이게 또 큰 단점이 될 수도 있는데, 너무 다른 문화권인지라 서로를 이해하지 못하는 경우가 너무 많다는 것이다. 개인적인 공간과 시간을 존중해주기를 바라는 외국인과 모든 걸 함께하는 걸 즐기는 한국 문화권에서 오는 차이가 제일 크다. 또, 한국에서는 너무 당연하게 서로 알고 있는 것들, 예를 들어서, 내가 문자에 답변하지 않고 프로필 사진을 지웠다는 건 너에게 화가 났다는 걸 암시하는 건데, 그 숨은 뜻을 모르는 상대방이 미워지게 된다. 또, 겉으로 괜찮다고 말하지만 사실은 전혀 괜찮지 않다는 암시적인 말을 하지만, 모든 걸 솔직하게 표현하는 외국 문화인지라 '괜찮다'라는 내 말을 곧이곧대로 믿고 아무렇지 않게 여기기도 한다. 이런 문화 차이를 서로 이해하려고 애쓰지 않으면, 이게 싸움으로 그리고 이별까지 연결되곤 한다. 서로 다르다는 걸 어떤 관점에서 보느냐에 따라서, 그 커플의 운명이 결정되는 것이다.

말이 통해야 제대로 풀지!

두 번째는 언어이다. 물론, 한국어를 잘하는 외국인들도 간혹 있지만, 정말이지 극소수에 불과하다. 대부분 한국에서 만나볼 수 있는 외국인들은 영어를 가르치는 일을 직업으로 하고 있는 이들이 많기에, 그리고 영어가 만국 공용어라는 생각에, 외국인과의 연애에서는 주로 영어로 소통을 하게 된다. 언어의 큰 특징 중 하나는 쓰면 쓸수록 늘게 된다는 것이다. 외국인과 연애를 하다 보면 카톡도 해야 하고, 전화도 해야 하고, 그리고 만나서 대화를 끊임없이 해야 하기에, 나도 모르게 영어가 늘게 된다. 특히, 영어권에서 온 외국인을 만나게 되면, 그들이 하는 말을 곧이곧대로 따라 하게 되어 네이티브들만 사용하는 영어를 구사할 수 있는 수준에 이르게 된다. 반대로, 내가 자주 쓰는 간단한 한국어도 내 파트너가 알게 되고, 그들의 한국어 실력이 늘기도 한다. 외국인과의 연애는 영어를 배울 수 있는 가장 좋은 방법이기도 하지만, 언어 때문에 답답한 경우도 생각보다 굉장히 많다. 특히 다투는 경우가 생길 때, 아무리 영어를 잘한다고 해도 한국어의 그 미묘한 차이까지 전할 수 없을 때, 더욱 힘들어진다. 커플 사이엔 언어보다 더 중요한 'body language'가 있다고 하면서 결국엔 사랑으로 다 극복 가능하다고들 하지만, 그것도 한순간일 뿐이다. 같은 한국어를 말하는 사람 간에도 오해가 생기기 마련인데, 제2외국어인 영어를 사용해야 하는 경우 대화로 상황을 풀기란 결코 쉽지가 않다.

함께해야 할지 말지, 험난한 선택의 기로

마지막은 바로, 한국에 대한 애정이다. 내게는 너무나도 당연한 것들을 새로운 관점에서 이야기하게 되면서, 은연중에 내 맘속에 한국에 대한 애정이 새록새록 샘솟게 된다. 마치 한국의 대사관이 된 것처럼, 내 파트너에게 한국의 문화나 역사에 대해서 설명을 해주어야할 때 더욱 그렇다. 그동안 한국에서 태어나고 자라면서, 너무나도 당연해진 한국에서의 삶에 대해서 감사하게 된다. 그리고 너무나도 편리하고 안전해서 살기 좋은 한국이 더 좋아지게 된다. '정' 문화를 가지고 있는 친절한 한국인들, 전 세계에서 가장 편리한 대중교통, 또 한국 음식은 어찌나 맛있는지 모른다. 오랜 역사를 지니고 있으면서도 현대적인 많은 건물들이 있고, 여행할 곳도 많아서 좋다. 이렇게 매일 한국에서의 삶을 외국인의 입장에서 여행하는 기분으로 살

외국인 남자 친구

캐나다 남자 친구와 부모님

Chapter 2 외국인 친구 사귀기 실전 가이드

수 있게 된다.

그렇지만 외국인들과 만나면서 문제점이 될 수 있는 게, 바로 한국을 떠나야 하는 경우가 많이 생긴다는 점이다. 특히나 한국에 잠깐 들어와서 일을 하다가 다시 본인의 나라로 돌아가기를 원하는 외국인인 경우에, 장거리 커플이 되었다가 헤어지는 경우도 많다. 나는 한국에서의 삶이 너무 좋은데, 한국에서 겪어야 하는 외국인으로서의 불편한 삶을 견디지 못하는 내 파트너 때문에 정든 한국을 떠나야 하는 경우가 생기게 된다. 그럴 때마다 내가 살 나라를 정해야 하는 큰 결정을 인생에서 해야 하는데, 이게 또 문제가 되기도 한다.

이런 많은 장점과 단점들이 있지만, 무엇보다도 누군가를 사랑하는 데 있어서 가장 중요한 건 사람이다. 그 사람에 대한 이해가 곧 사랑이 되고, 사랑만 있으면 이런 모든 다른 점들이 큰 장점으로 발전하게 된다. 그리고 더욱 그 사람을 이해하면서 내가 더 나은 사람이 되기도 한다. 아무리 같은 문화권인 한국 남자라 해도 나쁜 사람은 언제나 있기 마련이듯이, 외국인들 중에도 좋은 사람도 있고 나쁜 사람도 있는 법이다. 그리고 결국 사랑은 나와 잘 맞는 그 사람을 만나 서로를 이해하고 존중해주는 것에서 시작된다. 결국은 사람, 그리고 이해. 그게 곧 사랑이 된다.

외국인과의 연애를 꿈꾸는
당신이 알아야 할 3가지

로맨스 코미디 영화를 보면서 그리고 달달한 미드를 보면서 우리는 한 번쯤 이런 생각을 해보곤 한다. 내 인생에서 한 번쯤은 외국인 남자 친구 혹은 여자 친구를 만나봤으면 좋겠다고.

일반적으로 연애를 할 때 제일 필요한 건 바로 이해심이다. 나와는 너무나도 다른 그 사람을 만날 때, 그 사람이 그렇게 생각하고 행동하는 것을 그럴 수도 있겠구나 하면서 그대로 인정해주는 것. 나랑 너무나도 다른 것이 그 사람을 더 알아가면서 오히려 새로운 매력이 되기도 한다. 혹은 나와 너무 다르다는 이유로 헤어져야 하는 순간이 오기도 한다. 일반적인 연애도 이렇게 쉽지 않은데, 외국인과의 연애는 그래서 사실 더 조심스럽다. 나라별로 연애 스타일도 다르고 서로 간의 이해도 너무나도 다르다. 그래서인지 처음 외국인과 연애를 하는 친구들이 항상 나에게 묻는 질문이 있다. 이 사람이 이렇게 하는 게 외국인들에게는 일반적인 것이냐고. 실제로 나는 다양한 인종, 다양한 문화권의 사람들과 끊임없는 교류와 이야기를 해왔고 덕분에 그들만의 관점을 알게 되었다. 그리고 외국인과의 연애에 있어서 외국인들이 일반적으로 느끼는 차이점들 및 한국인들이 알아야 할 것들을 몇 가지 파악하게 되었다. 물론 여기에는 이 글을 쓸 수 있도록 도와준 나의 캐나다인 남편과 이전에 사귀었던 외국인 남자 친구들과의 경험이 큰 도움이 되었다.

too much의 기준을 유념하자

외국인과의 연애에서 가장 다른 건 아무래도 연락이다. 보통 한국에서의 연애는 연락이 필수적이다. 눈 뜨는 순간부터 잠이 드는 그 순간까지. 카톡으로 서로의 안부를 묻고, 서로의 사소한 것까지 신경 써주고 이야기해야만 하는 게 일반적이다. 그렇지만 외국인들에게 연락이란, 필요할 때만 하는 거다. 처음 몇 번은 Good morning으로 시작해서 Good night, Sleep well로 끝날 수 있지만, 몇 번뿐일 거다. 처음엔 그게 너무나도 이상했다. 예전에 만났던 한국인 오빠는 매일 아침 잘 잤냐면서 꽃 사진을 보내주고, 오늘 아침은 무얼 먹었고, 오늘 회사에서는 어떤 이야기를 했는지 항상 연락해줬는데. 외국인 남자 친구는 정말 물어볼 게 있을 때만 연락을 하거나, 아니면 오후 늦게 '오늘도 잘 지냈어?' 하면서 공유할 것이 있을 때만 간단한 대화를 주고받는 걸로 끝나고 마니까. 그래서 나에 대한 애정이 식었나 싶고, 다른 사람이 생긴 건 아닌지, 혹시 무슨 일이 있는 건 아닌지 나만 초조해지곤 하는데 절대 그럴 필요가 없다. 외국인 남자건 여자건, 하루 종일 모든 일상을 공유하는 카톡은 too much라고 생각한다. 그래서 외국인과의 연애를 꿈꾸고 있다면 이 부분에 제일 먼저 익숙해져야 할 것이다. 연락을 하루 종일 하지 않아도 화를 내지 않고, 외국인들의 특성이겠거니 하고 이해해주는 것. 연락 때문에 많이 싸워도 보고, 그 사람을 한국식으로 매일 연락하도록 바꾸려 해봤지만 절대 안 먹혔다.

me time을 인정하자

두 번째는 바로 너무나도 다른 커플 문화다. 한국에서의 주말은 주로 커플이 데이트하는 날로 여겨진다. 그렇지만 외국인들은 주말 내내 여자 친구 남자 친구와 함께하는 것도 좋아하지만, 자신만의 취미생활을 즐길 시간 혹은 나만의 me time을 존중받기를 원한다. 그래서 모든 걸 항상 함께해야 한다고 생각하는 한국인 남자 친구 혹은 여자 친구들을, 혼자서는 아무것도 못하는 의존적인 존재로 보기도 한다. 서로 함께 있는 게 너무나도 좋고 서로 사랑하지만, 그만큼 또 개인적인 시간과 공간을 인정해줘야 한다는 것. 사실 이건 오래 지속되는 건강한 연애를 위한 방법이기도 한 것 같다. 한국적인 커플 문화 중 또 인상적인 것은 바로 커플 옷, 커플링 같은 커플이 서로 같은 것을 매칭하는 것이다. 이걸 귀엽다고 생각하면서 해보고 싶다는 외국인들도 있지만, 사실 여기에 익숙하지 않고 이상하다고 생각하는 외국인들이 대부분이다. 특히 커플링은 약혼을 하거나 결혼을 한 경우에만 서로 맞추어 끼는 반지라고 생각한다. 스킨십에 관해서도 또 다른데, 공공장소에서 키스를 하는 건 서슴지 않아 하면서도 손을 잡고 팔짱을 끼고 다니는 건 그리 좋아하지 않는다. 또한 기념일을 챙길 때, 100일, 200일, 300일, 빼빼로데이 등을 챙기는 것보다, 1주년, 밸런타인데이, 크리스마스를 더 중요하게 생각한다. 한국에서의 커플 문화는 너무나도 다르기에, 서로 이해해주는 과정이 꼭 필요하다.

관계의 진도를 확인하자

마지막은 바로 'Love you'이다. '사랑해'라는 말이 왜?'일까 싶겠지만, 이것 또한 충격적인 부분이다. 우리는 좋아하는 감정은 모두 사랑으로 보고, 그리고 '사랑해'라고 말하는 게 전혀 이상하지 않다. 그렇지만 외국인들은 대체로 'Love you'라는 말을 남발하지 않는다. 사랑이라는 감정은 저 사람이 좋다는 감정이 조금 더 커졌을 때, 그렇게 내 맘에 사랑이라는 감정이 확신이 들었을 때 하게 된다. 그래서 처음 만난 날, Love you라고 하면 진도를 너무 빨리 나간 것이 된다. 나는 아직 준비가 안 되었는데 상대방이 'Love you'라는 말을 건네면 그게 너무나도 부담스러워져서 헤어지기도 한다. 대부분 처음에는 I like you, 그리고 그 다음에는 I like you a lot, 그러다가 3~6개월 지나고 나면 사람의 감정에 따라서 다르지만 처음으로 Love you라는 말을 한다. 그리고 항상 그에 대한 대답으로 Love you, too를 듣기를 원한다. 그러니까 사랑해라는 말을 처음에 못 들었다고 해서, 그리고 내가 한 Love you 때문에 그 사람이 이상하게 생각한다고 해서 전혀 이상한 게 아니다. Love you를 쓰기 전에 그들은 자신의 감정에 따라서 솔직하게 표현하는 게 옳다고 생각한다.

사소한 것들 같지만, 실제로 외국인과 연애를 하면서 가장 많이 부딪히게 되는 것들이다. 그 사람을 알게 되고, 좋아하는 감정을 가지고 오래 유지되는 데 있어서, 특히나 외국인과 연애를 하고 싶은 사람들이라면 꼭 생각해보아야 할 것들이다. 한국인이라고 해서 다 좋은 것도 아니고, 외국인이라고 해서 또 다 좋은 것도 아니다. 나랑 정말 잘 맞는 그 사람을 만나는 게 중요한데, 그게 외국인일 수도 있는 것뿐이다. 외국인과 연애를 해보고 싶다면? 이것들을 기억하고 꼭 나랑 잘 맞는 영원토록 함께할 좋은 사람을 만나, 모두가 사랑하면서 행복했으면 좋겠다.

외국인과 연애할 때 필요한 영어 표현들

01 **호칭** : 주로 이름을 그대로 부르거나, baby 혹은 babe 이라는 애칭을 부를 때가 많다. 최근에는 흔히 bae라고 줄여 말하기도 한다.

02 **How's your day going?** : '오늘 하루는 어때?'라는 표현으로, 오늘 하루 중 안부를 물을 때 주로 쓴다.

03 **스킨십**skinship : 대표적인 콩글리시 중 하나. 영어로 skinship에 가까운 표현은 physical affection이며, touch, kiss, holding hands 등 특정 행동을 묘사하는 영어 표현을 사용한다.

주의!
이런 외국인들 조심하세요!

뭐니 뭐니 해도 외국인 친구들과 직접 만나 대화를 자꾸 해보는 것이 영어 실력 향상을 위한 가장 확실하고 효과적인 방법이다. 앞의

글과 내 실제 경험을 통해서도 이제 잘 알게 되었을 것이다. 그런데 그 전에 꼭 확인해야 하는 전제조건이 있다. 바로 나쁜 외국인들 걸러내기! 우리가 접하는 수많은 사건사고들은 이 세상에 좋은 사람만 있는 게 아니라 나쁜 사람도 많다는 것을 잘 보여준다. 한국에도 좋은 사람과 나쁜 사람이 있게 마련이듯, 전 세계를 놓고 보면 역시나 나쁜 사람들도 참 많다. 외국인 친구를 만들고 싶다는 로망을 이루기 전에 우선 외국인 친구를 사귀는 데 있어 조심해야 할 3가지를 말해주고자 한다.

로맨스 스캠

먼저, '로맨스 스캠'이다. 이것은 일종의 '신종 피싱'으로, 페이스북이나 인스타그램 등 SNS를 통한 연락이 수월해지면서 기승을 부리게 된 사기 수법이다. 실제로 나도 해외계정을 보유한 사람들에게 이런 메일과 연락을 많이 받았다. 그리고 검색을 해보면 이런 사기꾼들의 정보를 공유하는 글들도 많이 보인다.

이들의 수법은 다음과 같다. 대부분 가짜 프로필 사진과 가짜 SNS 계정을 만들고 한국인들에게 접근한다. 잘생긴 다른 외국인의 사진을 도용해 마치 자신의 프로필 사진인 것처럼 올려놓고 하나같이 좋은 직업을 내세운다. 그리고 처음엔 '친구가 되고 싶어'라고 접근해서는 나중엔 '사랑해'라고 말한다. 그리고는 돈가방을 부칠 테니 나중에 한국에서 만나 자신에게 전달해달라고 한다. 그리고 사정상 그 돈가방을 받는 수수료는 자기가 내야 한다면서 수백만 원을 보내라고 한다. 딱 봐도 사기인데, 로맨스로 접근했던 터라, 외국인과의 사랑을 꿈꾸었던 한국인들이 별 의심 없이 돈을 송금하는 경우가 있다고 한다. 또 이런 경우도 있다. 유산으로 받은 몇 억을 줄 테니 좋은 일에 써달라면서, 대신 그 돈을 받기 위해서는 특정 계좌로 수수료를 송금해야 한다는 식이다.

이런 다양한 피싱 수법을 일단 조심하자! 한 번도 만나보지 않은 사람이 그 많은 돈을 나에게 보낸다는 건 말도 안 된다. 그리고 무엇보다 그들의 그럴듯해 보이는 가짜 프로필에 속지 말자. 그들이 쓰는 영어를 잘 보면 문법이 하나도 안 맞는 엉터리 영어가 수두룩하다. 또한 이런 터무니없는 부탁이나 요구도 많다. 처음 몇 번의 대화를 통해 좋은 외국인과 나쁜 외국인을 거르는 연습을 하다 보면, 나중에는 몇 마디 해보지 않아도 그 친구가 나랑 잘 맞는지, 사기꾼은 아닌지, 좋은 친구가 될 수 있을지 대략 알게 된다. 외국인이라고 다 믿지 말고, 특히 엉터리 영어로 나에게 돈을 요구하는 경우에는 '로맨스 스캠'일 수도 있음을 잊지 말자.

치근대는 녀석들

두 번째는, 나를 성적인 도구로 이용만 하려는 외국인들이다. 성적인 얘기는 참 민감한 주제이긴 하지만 꼭 다뤄야겠다. 모든 외국인이 그런 건 아니지만, 자신이 '외국인'이라는 점을 이용해 한국인들을 쉽게 보고 접근하는 사람이 생각보다 많다. 백인 외국인들 중에는 그들에 대한 환상을 가지고 접근하는 한국인들을 우습게 여기고 매번 남자 친구 혹은 여자 친구를 바꾸며 섹스 중독자처럼 구는 경우도 참 많이 보았다. 특히 이태원이나 강남 등의 클럽에서는 내가 어떻게 하느냐에 따라 재밌게 놀 수도 있고 단순한 성적 대상으로 취급될 수도 있다.

앱을 통해 알게 된 후 나랑 잘 맞는 것 같아 가볍게 식사나 하자고 만났는데 상대가 심하게 치근대고 접근해온다면 문제가 있다고 볼 수 있다. 외국인이라 문화가 다르다면서 스킨십을 시도하는 경우도 있는데 절대 사실이 아니다. 정말 친한 사이에 서로 포옹을 하며 인사를 나누는 경우가 있는 건 사실이지만, 아직 잘 알지 못하는 관계인데 내 몸에 손을 대거나 과한 스킨십을 요구하는 건 어디서나 예외 없이 잘못된 일이다. 좋은 외국인 친구라면 나의 감정과 생각을 존중해주고 서로의 공간을 지키려 할 것이다. '사랑해'라는 말도 자신이 정말로 '사랑'을 느낄 때만 하는 게 외국인의 문화라는 걸 잊지 말자.

나를 이용하려는 자들

마지막으로, 한국 생활의 애로사항을 해결할 수단으로만 나를 대하는 외국인들이다. 이런 일은 지금도 내가 간혹 겪으며 뼈저리게 실감하는 것 중 하나인데, 부탁을 쉽게 하고 거절을 잘 못하는 사이에서 많이 발생하는 것 같다. 물론 외국인들에게 한국 생활은 어려운 부분이 많다. 은행이나 법원 가기, 계약할 집 알아보기, 집주인에게 연락하기, 병원 방문 등 한국어를 아주 잘한다고 해도 외국인들은 처리하기 쉽지 않은 일들이 많다. 이런 일에 대해 도움을 요청해올 때

외국인 친구들과 덕적도 캠핑

마다 나는 한국을 대표하는 사람으로서 모든 외국인들에게 잘해줘야 한다고 생각하고, 그에 따른 내 모든 시간과 돈에 상관없이 정말 진심을 다해 도와주었다.

　한번은 고시원을 찾던 스페인 친구와 함께 홍대와 신촌 근처의 고시원 10곳을 돌아다니면서 머물 곳을 구해줬지만, 거처를 마련한 순간 이후로 연락이 뚝 끊겼다. 또 한 친구는 법원에 가서 서류를 떼야 했는데, 프리랜서인 나만 시간이 맞아 함께 가주었다. 그런데 다음에 자신이 꼭 저녁을 대접하겠다고 하고선 그냥 사라졌다. 은행에 가서 한국 계좌를 만들고 어떤 문제를 해결해야 한다며 동행을 요청한 친구도 있었다. 아침 일찍 가서 같이 문제를 해결해줬는데, 그 뒤로 어떤 이유에선지 나를 친구 목록에서 차단하고 지금까지도 아무런 연락이 안 된다. 이 외에도 모임에 나와 인사만 주고받은 사이인 외국인 친구가 자기 직업을 찾아달라는 터무니없는 부탁을 한다거나, 뜬금없이 연락해서는 병원에 같이 가달라고 하는 등 나를 이용하려고만 하는 경우가 수도 없이 많았다.

물론 외국인 친구를 도와주는 일은 한국의 좋은 이미지를 심어줄 수 있지만, 그들이 그 도움을 고맙게 여기지 않는 경우, 혹은 그에 맞는 대가를 지불하지 않는다면 굳이 몸 바쳐서 해줄 필요가 없다는 걸 나는 처절하게 깨달았다. 그리고 지금은 그런 부탁을 받았을 때 "미안한데, 해줄 수 없어"라고 말할 수 있는 여유를 갖게 되었다. 정말로 좋은 친구라면, 내 시간을 써가면서 그들을 도와주는 것에 대해 진심으로 고마워하고 그에 맞는 표현을 나에게 꼭 해준다. 그런 진정한 친구가 아니라면, 그들이 부탁을 해올 때 나를 이용하려고만 하는 것인지 아닌지에 따라 적절히 대응할 필요가 있다.

Chapter 3

30초가 3분이 되는
영어 대화의 기술

처음 외국인 친구를 만나 인사하기

Hey, do I know you?

I don't think so. I'm new here.

Anyway, nice to meet you. I'm Greg.

Nice to meet you too. I'm Soyeon but you can call me Hailey.

안녕하세요, 혹시 어디서 본 적 있지 않나요?

그렇지 않을걸요. 저는 여기 처음이거든요.

어쨌든 만나서 반가워요. 저는 그렉이에요.

저도 만나서 반가워요. 제 이름은 소연이지만, Hailey 라고 불러도 돼요.

처음 외국인 친구를 만나면 제일 먼저 해야 할 것이 바로 통성명하기다. 친구들 사이에서는 보통 성을 제외한 이름을 말한다. 영어 이름, 한국 이름 상관없이 본인의 이름을 말하면 된다. 단, 외국인들은 한국어 발음이 서툰 경우가 많기 때문에 한국 이름으로 소개할 때는 한국식으로 어떻게 읽어야 하는지도 알려주는 게 좋다.

한편, 영어 이름을 지을 때는, 트렌드에서 밀려나 지금은 잘 쓰지 않는 오래된 영어 이름인 Jane, Linda 같은 것은 지양하도록 하자. 이는 지금 태어난 아기에게 '옥자, 영자' 같은 이름을 지어주는 것과 다름없다.

또한 우리가 외국인의 이름을 들었을 때 처음 듣거나 어려운 이름은 기억하기 어려운 것처럼, 한국 이름을 제대로 발음하지 못하거나 이름을 기억하기 어려워하는 외국인들도 있다. 특히 '소연' '소현' '서연' '서현' '수연' 등 한국인들도 헷갈려 하는 비슷한 이름들이 많다고 하소연하는 외국인들도 종종 보았다. 그리고 한국 이름에 '석' '범' 등이 포함된 경우 영어표기상 'suck(빨다)' 'bum(엉덩이)' 등으로 인식되어 민망한 경우도 있다.

이름 정확하게 소개하기, 영어 이름도 알려주기, 한국의 이름 트렌드나 성_{family name}에 대해 말하기, 내 이름을 한국어로 어떻게 발음하는지 알려주기 등등, 처음 만난 자리에서 이름만 가지고도 충분한 대화를 이어나갈 수 있다!

Q. 영어 이름, 꼭 필요할까?

우리도 생소한 외국인 이름을 기억하기는 어렵다. 그런데 만약 외국인이 한국 이름을 가지고 있다면? 더 친숙한 느낌도 들고 그 친구의 이름이 오래 기억에 남는다. 영어 이름도 같은 이치인 듯하다. 외국인들의 입장에서 영어 이름은 스펠링만 보고도 어떻게 발음해야 할지 쉽게 감을 잡을 수 있고, 더 기억하기 쉽다. 하지만 그렇다고 꼭 영어 이름이 있어야 하는 건 아니다. 편의에 따라 영어 이름을 만들 수는 있지만, 외국인들 중에는 '나'라는 사람을 존중해주면서 영어 이름과 한국 이름 중에 어떤 이름을 부르는 게 좋을지 물어보는 친구들도 많다. 심지어 어떤 친구들은 영어 이름을 말하면 한국 이름을 물어보고 그 숨은 뜻까지 궁금해하는 친구도 있다. 각자의 생각에 따라 영어 이름은 필요할 수도 있고 아닐 수도 있는 듯하다.

Q. 그럼 Hailey 라는 이름은 왜 쓰게 된 걸까?

나는 처음 미국에 가서도 딱히 영어 이름을 쓰지는 않았다. 다만 한국 이름 그대로 Soyeon을 사용하다 보니 'yeon'을 보고 곧바로 '연'으로 발음하기 어려워했고, 내 이름을 기억하기 어려워하는 친구들이 많았다. 심지어 어떤 친구들은 앞에 Soy라는 단어만 보고 Soybean이라고 놀리는 경우도 있었다. 반면 내 '성'인 Lee는 기억하기 쉽다 보니 '성'으로만 나를 부르는 친구들이 많았다. 그럴 땐 항상 'Hey, Lee'라고 부르곤 했는데, 결국 그 두 개가 합쳐져 Hailey가 탄생하게 되었다. Hailey는 해리나 헤리라는 이름을 가진 분들이 많이 사용하기도 하는 이름이고, Hayley 혹은 Hailee 같은 다른 스펠링을 쓰기도 한다.

영어로 안부인사 물을 때 활용할 수 있는 표현들

☑ Hey, how are you?

☑ How are you doing?

☑ How's it going?

☑ Is everything okay?

☑ How's your life?

☑ **What's up?**(이 질문에 대한 답변으로는 좋다, 나쁘다로 대답하지 않는다. 주로 Nothing이라고 대답하거나, 진짜 있었던 일을 말해야 한다!)

어느 나라/어느 도시에서 왔어?

Are you from Seoul?

Yes. I was born and raised in Seoul. How about you?

I'm from Toronto, Canada.

Cool! I've been there before.

Did you like it there?

Yes. It was really cool!

서울 출신이에요?

네. 서울에서 태어나고 자랐어요. 그쪽은요?

저는 토론토 출신이에요.

멋져요! 예전에 저도 가본 적이 있어요.

토론토 좋았어요?

완전 좋았어요.

이름을 소개하고 나서 곧바로 이어서 질문할 수 있는 것 중 하나가 바로 출신 나라와 도시에 대한 이야기다. 누구나 쉽게 답할 수 있고, 자신의 출신 지역이나 고향에 대해 말하는 것을 대부분 좋아하기 때문이다. 우리도 외국인들이 한국에 대해 좋게 말하거나 사소한 것들까지 알고 있으면 감동을 받듯이, 외국인들도 똑같다. 우리가 그들의 나라나 도시에 대해 들어봤거나 관심 있게 봤던 것들을 주제로 이야기를 하면 대부분 무척 좋아한다. 평소 다른 나라나 도시에 관심을 갖고 있다면 더 다양하고 흥미로운 주제로 외국인들과 대화를 이어나갈 수 있다!

Q. Korea와 South Korea 중 뭐라고 해야 할까?

우리는 '한국=Korea'라고 배웠지만, 외국에서는 Korea에서 왔다고 하면 'North or South?'라고 물어보는 경우가 있다. 한국에 대한 위상과 인식이 높아지면서 외국인들도 차츰 한국에 대해 많이 알아가고는 있지만, 아무래도 외국인들의 입장에서는 북한에 대한 뉴스를 더 많이 접했을 수도 있고 한국인들을 전혀 만나보지 못한 경우도 많기 때문이다. 그러니 'I'm from South Korea'라고 정확하게 말해주는 게 좋다. 대한민국의 수도 '서울'도 영어로 발음하기 어려워하곤 한다. 'Seoul'의 'ㅓ' 발음인 'eo'가 들어가는 단어들이 영어에는 없기 때문이다. 그 탓에 Soul(쏘울)로 발음하는 외국인들도 더러 있다.

03

칭찬하며 좋은 분위기 만들기

Hey, I like your shirt.

Thanks. It's new. I bought it last week.

Nice. Did you get anything else?

Just the shirt. I like your new hair. It suits you very well.

Thanks. I just got a haircut.

네 셔츠 멋지다.

고마워. 이거 새 거야. 지난주에 샀어.

좋네. 다른 것도 뭐 샀어?

그냥 셔츠만. 네 새로운 머리 스타일도 좋아. 너랑 잘 어울려.

고마워. 나 머리 잘랐어.

칭찬이 생활화되어 있는 영어권 문화에서는 엄청나게 예쁘고 뛰어나지 않아도 작은 것 하나에 큰 칭찬을 하면서 분위기를 좋게 이어나가는 경우가 많다. 상대방의 스타일에서 자신의 눈길을 끄는 것 중하나를 꼽아 이야기해보자. 오늘의 패션 스타일, 패션 아이템, 액세서리, 메이크업, 헤어스타일 등등. 칭찬으로 시작해 자연스럽게 대화를 이어나가보자!

어디 살아?

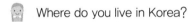

🙂 Where do you live in Korea?

🙂 I live in HBC in Seoul.

🙂 HBC? Where is it?

🙂 Oh, it's Haebangchon near Itaewon.

🙂 I see. I've heard it's a nice area!

🙂 Ya, I really like it.

🙂 한국 어디에서 사세요?

🙂 저는 서울에 HBC에서 살아요.

🙂 HBC라고요? 어디에 있는 거예요?

🙂 해방촌이라고 이태원 옆에 있어요.

🙂 그렇군요. 좋은 곳이라고 들었어요!

🙂 네, 진짜 좋아요!

이태원은 외국인들이 많기로 유명하다. 이태원이 클럽과 비싼 외국 식당들이 많은 곳이라면, 핫플레이스로 한때 엄청나게 유명했던 경리단길 옆으로 예전 미군부대가 있던 뒷골목 쪽에는 실제로 거주하는 외국인들이 많은 해방촌이 있다. 다양한 외국 음식점들도 많고, 무엇보다 언덕이 많고 오래된 지역이라 집값도 다른 곳에 비해 저렴하다. 영어로도 생활이 가능해 외국인들이 살기 편해서인지 이태원 근방에는 외국인들이 많이 거주한다. 그래서 나는 외국에 여행 온 것 같은 색다른 분위기를 느끼고 싶다고 하면 해방촌을 적극 추천한다! 해방촌은 영어로 Haebangchon이라고 하는데, 보통 앞글자만 따서 HBC라고도 한다. 사는 곳에 대해 물어보고 대답하는 건 처음 만난 사이에서 주로 오가는 대화다. 내가 사는 지역에 대해 특별히 좋아하는 것이나 특이한 것들을 영어 버전으로 준비해놓는다면 처음 외국인들을 만나 자연스럽게 대화하기 참 좋을 것이다.

취미 물어보고 공통점 찾기

What do you usually do in your free time?

I like to watch movies, work out and hang out with friends. How about you?

I like to read, cook and also love watching movies.

Wow, we should hang out soon then!

For sure!

한가할 때 주로 뭘 해요?

저는 영화 보고, 운동하고 친구들을 만나요. 그쪽은요?

저는 독서, 요리하기, 특히 영화 보는 걸 진짜 좋아해요.

와, 조만간 같이 만나야겠네요!

물론이죠!

대화를 이어나가기 제일 좋은 주제, 절대로 놓치지 말자!

누군가를 처음 만나 취미에 대해 묻는다는 건 '우리 대화를 좀 더 이어나가자'와 같은 의미라 할 수 있다. 취미야말로 아무 부담 없이 묻고 답하기 좋은 주제다. 그런데 우리는 어렸을 적 배웠던 'What's your hobby?'라는 질문에 거의 항상 'My hobby is listening to music'이라고 습관적으로 말하곤 한다. 일단 완벽한 영어문장으로 받아치는 게 중요하다고 생각하는 것이다. 그래서인지 간혹 외국인 친구들 중에 한국인들은 어쩜 그렇게 다 같은 취미를 가지고 있느냐며 놀라는 경우도 있다. 아무튼 원어민들은 취미를 물을 때 hobby라는 단어를 쓰지 않는다! '당신의 취미가 무엇인가요?'라고 정형화된 질문을 할 필요도 없고, 그에 대해 교과서적인 대답을 하지 않아도 된다. 또한 취미를 묻는 질문에 'sleeping' 'staying home'이라고 대답하는 경우도 있는데, 비록 그게 사실이라도 절대 이렇게 말하지는 말자. 한가할 때 잠을 잔다고 한다든지 혹은 한가할 때가 없다고 하는 것은, 수면활동은 지극히 필수적인 것 중 하나이기에 너무나도 어색한 답변이 되고 만다. 그리고 일중독이라 일만 해서 한가할 때가 아예 없다고 하는 것도 어색한 답변이다. 이 질문의 핵심은 대화를 이어나가고자 하는 데 있는 것이므로 내가 무얼 좋아하고 쉬는 시간에 무얼 하는지에 대해 어떻게 답변하는지가 중요하다. 어떻게 답변하느냐에 따라 대화를 계속 이어나갈 수도 있고, 대화가 뚝 끊어질 수도 있다!

주말에 뭐 했어?

Hey, how was your weekend?

It was okay. Just chilled at home. How about you?

I hung out with my friends. We went to Seoul Forest.

Sounds fun!

주말에 어땠어요?

괜찮았어요. 그냥 푹 쉬었어요. 그쪽은요?

저는 친구들이랑 놀았어요. 함께 서울숲에 갔어요.

재밌었겠네요!

월요일에 하기 좋은 질문이자 내화 중에 흔히 할 수 있는 질문 중 하나다. 주말에 했던 일을 주제로 캐주얼한 질문을 하면서 대화를 나누는 경우다. 답변으로는 주말에 했던 것 중 가장 인상적이었던 것을 말하면 된다. 단, "주말에 친구 만났어" 혹은 "친구랑 놀았어"라고 말할 때는 play가 아닌 hang out을 쓴다는 것을 알아두자! 그리고 이 대화의 경우 지난 주말에 한 일을 묻는 것이므로 과거형인 hung out으로 바꿔주면 된다. 외국인들이 이상하다고 생각하는 것 중 하나가, 주말에 뭘 했는지 물어보면 "Nothing" 혹은 "Nothing special"이라고 답변을 하는 경우다. 정말 '아무것도' 안 하고 벽만 보고 있었다면 그렇게 말해도 된다. 그러나 집에서 쉬었다고 말하고 싶을 땐 앞의 대화처럼 이야기하면 된다. 혹은 쉬면서 했던 일들, 특정 TV프로그램을 봤다든지 뭐가 해먹었거나 시켜먹었다든지 등을 이야기하며 대화를 풀어나가보자. 모든 질문의 핵심은 대화를 이어나가는 데 있다는 걸 꼭 기억해두자!

가족관계가 어떻게 되니?

 Do you have any brothers and sisters?

 Yes. I have one older brother and one younger sister.

 Do you get along with your brother?

 No, not really. He's quite annoying.

 형제자매가 어떻게 돼요?

 네. 오빠랑 여동생이 있어요.

 오빠랑 친해요?

 별로 그렇진 않아요. 오빠가 쫌 짜증나게 하는 면이 있거든요.

☑ big family : 대가족

☑ small family : 소가족

☑ siblings : 형제/자매(= brothers and sisters)

☑ only child : 외동

☑ (younger/older) sister : (나이 어린/많은) 여자 형제/자매

☑ (younger/older) brother : (나이 어린/많은) 남자 형제/자매

☑ husband : 남편(hubby라는 애칭으로 쓰기도 한다)

☑ wife : 부인(wifey라는 애칭으로 쓰기도 한다)

☑ parents : 부모님

☑ father : 아버지

☑ mother : 어머니

☑ dad : 아빠(아기들은 daddy라고 한다)

☑ mom : 엄마(아기들은 mommy 라고 한다)

☑ grand parents : 조부모님

☑ grand father : 할아버지

☑ grand mother : 할머니

☑ uncle : 삼촌, 고모부, 이모부, 큰아버지, 작은아버지 등등

☑ aunt : 고모, 이모, 큰엄마, 작은엄마, 외숙모 등등

☑ nephew : 남자 조카

☑ niece : 여자 조카

☑ cousin : 사촌

- ☑ parents-in-law : 시부모님, 장인어른, 장모님
- ☑ father-in-law : 시아버지, 장인어른
- ☑ mother-in-law : 시어머니, 장모님
- ☑ brother-in-law : 형부, 매형, 시아주버니, 시동생, 처남, 매부, 동서 등등
- ☑ sister-in-law : 형수, 시누이, 올케, 처제, 처형, 새언니 등등

무슨 일 해?

 What do you do for work?

 I work at Mason travel.

 What do you do there?

 I'm a guide. How about you?

 I'm self-employed. I have my own business.

 무슨 일 하세요?

 Mason 여행사에서 일해요.

 거기서 뭐 해요?

 가이드예요. 그쪽은요?

 저는 혼자 일해요. 제 사업이 있거든요.

반려동물 있어?

Do you have any pets?

No, I don't have any. You?

I have a cat named Smokey.

Oh, you are more of a cat person.

Yes, I am. Here. I'll show you a picture.

반려동물이 있나요?

아니요, 없어요. 그쪽은요?

'스모키'라는 고양이가 있어요.

오, 고양이를 더 좋아하시나 봐요.

맞아요. 제 고양이 사진들도 확인해보세요!

외국인들은 반려동물과 함께하는 걸 너무나 당연하게 생각한다. 외국에서는 가족 이상으로 여기거나 한 마리 이상 키우는 경우도 많다. 그래서인지 대부분의 외국인들은 반려동물에 대한 이야기를 좋아한다. 그러니 서로 반려동물의 사진을 보여주기도 하고 관심을 표명하면서 대화를 나누면 좋을 것이다. 한국에 거주하는 외국인들과 이야기를 해보면 한국에서는 키울 수 없는 상황이라 반려동물이 없지만 가족이 있는 집에는 반려동물이 있다고 많이들 이야기한다.

person을 붙여서 표현해보자!

명사 뒤에 'person'을 붙이면 '~한 사람'이라는 설명을 쉽게 할 수 있다. 대표적인 예는 다음과 같다.

☑ dog person : 강아지를 좋아하는 사람
☑ coffee person : 커피를 좋아하는 사람
☑ party person : 파티를 즐기는 사람
☑ morning person : 아침형 인간
☑ people person : 사교적인 사람

10

좋아하는 음식이 뭐야?

What kind of food do you like?

I like all kinds of food.

That's great. I love spicy food. The hotter the better.

Do you eat out very often?

Sometimes. I like Korean BBQ.

좋아하는 음식이 뭐예요?

저는 모든 음식을 좋아해요.

좋네요. 매운 음식 완전 좋아하거든요. 매운 게 훨씬 더 맛있죠.

외식도 자주 해요?

가끔요. 한국 고기집이 좋아요.

불편한 진실 하나. 한국에 살고 있는 외국인 모두가 한국 음식을 좋아하지는 않는다. 이태원에 살면서 항상 외국 음식만 먹거나 집에서 요리를 해먹거나 혹은 채식주의자인 친구도 많다. 외국인들은 크게 두 가지 입맛으로 나뉘는 것 같다. 한국 음식을 한국 사람보다 더 좋아하거나, 아니면 외국 음식을 더 즐겨 먹지만 몇 가지 좋아하는 한국 음식이 있는 경우로 말이다(외국인들 모두가 좋아하는 음식에 대해서는 Chapter 2에서 확인해볼 수 있다). 외국인들이 하나같이 좋아하는 한국 음식 중 하나가 한국식 고기구이다! 삼겹살이나 갈비를 한국식 고기 불판에 구워 쌈을 싸먹는 스타일을 영어로 Korean BBQ라 한다. 채식주의자가 아니라면 누구나 좋아할 만한 음식이다. 처음부터 대뜸 "Do you like Korean food?"라고 묻기보다는, "가장 좋아하는 음식이 뭐야?" 식의 넓은 범위의 질문으로 대화를 시작하는 게 좋다! 음식 얘기는 누구와도 재미있게 풀어갈 수 있는 좋은 대화 주제다.

11

맛있는 거 먹으러 가자!

All this talk about food is making me hungry. Are you hungry?

Yes, I am starving. Would you like to go to my favorite Vietnamese restaurant?

What is good there?

Well, especially the pho is outstanding.

Sounds delicious. Let's go!

음식에 관한 얘기하고 나니 배가 고파요. 배고파요?

네. 완전 배고파요. 제가 좋아하는 베트남 레스토랑 갈래요?

거기는 뭐가 좋아요?

음, 특히 쌀국수가 완전 좋아요.

맛있겠네요. 가요!

한국에는 정말 많은 종류의 카페와 식당들이 있다. 그래서 이 질문은 외국인들에게 좋아하는 맛집이나 카페가 있는지 물어보고, 그곳에 같이 가보자며 자연스럽게 약속을 잡기에 너무나도 좋은 표현 중 하나다. 한국에서는 SNS에서 유행하거나 TV프로그램에 나온 곳이 인기가 있는데, 외국인들 사이에도 입소문을 통해 유명해진 곳들이 있다. 그런 곳들 중에는 우리가 잘 모르는 곳들도 많다. 외국인들에게 외국 스타일의 음식점이나 카페를 추천받고 같이 가보는 것도 좋을 것이다.

12

같이 카페 가자!

Do you have any plans today?

No, not really.

Have you had any coffee?

No, not yet. Let's get going.

오늘 뭐 해?

별거 없어.

오늘 커피 마셨어?

아니, 아직. 슬슬 나가자.

같이 영화 보러 가자!

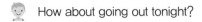 How about going out tonight?

I'm in. Do you want to see a movie tonight?

Maybe. What's playing?

I'm not sure yet. But let's check!

오늘 밤에 놀래?

그러자. 오늘 영화 볼래?

아마도. 어떤 영화 하는데?

나도 잘 모르겠어. 같이 확인해보자!

대화를 이어나가기 위해 가장 일반적으로 택할 수 있는 주제가 바로 영화다. 최근에 무슨 영화를 봤는지부터 시작해서 같이 영화를 보러 가는 건 어떤지 물어보면서 대화를 이어나갈 수 있다. 조심해야 할 것 중 하나는, 한국 영화의 위상이 높아지긴 했지만 외국인들 모두가 한국 영화를 좋아하진 않는다는 점이다. 그래도 영화에 깊은 조예가 있고 한국 영화를 좋아하는 외국인 친구라면, 한국 영화의 배경 및 내용 그리고 한국 배우들에 대해 여러 가지 깊은 대화를 나눌 수 있다. 최근 외국인 친구들과 이야기하면서 반응이 좋았던 영화가 바로 〈기생충〉이다. 오스카상을 받기도 했고, 놀라운 스토리라인과 반전, 한국 사회를 보여주는 디테일이 살아있는 영화라며 〈기생충〉을 본 친구들은 하나같이 극찬을 아끼지 않았다.

14

좋아하는 음악 물어보기

What music do you listen to?

I like hip hop and EDM. What about you?

Oh, really? I like K-pop.

I sometimes listen to K-pop as well. But it's not really my thing.

가장 좋아하는 음악 장르는 뭐예요?

저는 힙합이랑 EDM을 좋아해요. 그쪽은요?

아, 그래요? 저는 케이팝을 좋아해요.

저도 종종 케이팝을 듣긴 들어요. 그렇게 좋아하지는 않아요.

음악을 아예 듣지 않는 사람은 하나도 없을 것이다. 그래서 음악에 대한 이야기도 언제든 편하게 나눌 수 있다. 다만, 모든 한국인들이 케이팝을 좋아하는 게 아니듯, 한국을 아는 외국인이라 해서 혹은 한국에 있는 외국인이라고 해서 모두가 케이팝을 좋아하는 건 아니다. 물론 요즘 BTS의 인기나 한류의 영향으로 케이팝을 아는 외국인들이 많아진 건 사실이지만, 아는 것과 좋아하는 것은 별개의 문제다(하지만 K-pop에 심취해 있는 외국인들도 점점 많아지고 있다!).

평소에 즐겨 듣는 음악의 장르에 대해 영어로 알아두면 대화를 풀어가기에 좋을 것이다. 출신 나라나 지역에 따라 좋아하는 장르의 음악이 매우 다르기 때문에 다양한 대화를 나눌 수 있다. 그리고 음악에 이어서 좋아하는 밴드나 가수, 노래로 자연스럽게 대화의 폭을 넓힌다면 더욱 풍성한 대화를 이어나갈 수 있다!

무슨 운동 하는지 물어보기

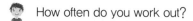

How often do you work out?

I play tennis twice a week. How about you?

I like to go to gym. I go there almost every day.

That's why you are looking jacked these days.

얼마나 자주 운동해?

나는 일주일에 두 번 테니스를 쳐. 너는 어때?

나는 헬스장에 가. 거의 매일 가다시피 해.

그래서 네 몸이 좋은 거구나!

한국인들은 너무 바쁘거나 시간이 없어서, 혹은 주어진 여건 때문에 운동의 중요성을 알면서도 운동을 포기하는 경우가 많다. 학창시절부터 체육이나 운동보다는 공부와 또 다른 자기계발을 하는 데 더 신경을 써온 게 사실이다. 반면에 외국인들은 건강에 엄청난 관심을 가지고 신경을 쓴다. 자라온 환경에 따라 절대로 운동이 빠지지 않는 경우도 많다. 특히 대부분의 남자들은 좋아하는 스포츠팀이나 지금 하고 있는 운동에 대해 이야기하기를 무척 좋아한다. 물론 취향에 따라 아닌 경우도 있긴 하지만. 예전에 어떤 운동을 했는지, 지금은 취미로 어떤 운동을 하고 있는지, 혹은 앞으로 어떤 운동을 하고 싶은지 등등을 주제로 외국인 친구들과 이야기를 나눠보자!

16

넷플릭스 봐?

Do you watch Netflix?

I've heard of it but I don't have a subscription.

Seriously? I can recommend some good shows.

Sick. Thanks a lot.

넷플릭스 봐?

넷플릭스에 대해서 많이 들었는데, 구독하고 있지는 않아.

진심이야? 내가 본 것 중 재밌었던 거 알려줄게.

좋아. 고마워.

영어로 대화하기 너무나 좋은 주제, Netflix!

넷플릭스는 앞에서도 설명했지만 외국인 친구들과 대화할 때 매우 좋은 토픽이자 함께 취미를 공유할 수 있는 수단이다. 한국에서도 넷플릭스 시장이 커지면서 볼거리도 많아졌고, 넷플릭스에서만 볼 수 있는 TV 시리즈나 영화도 많이 있다. 그만큼 "넷플릭스에서 뭐 보니?"라는 질문은 요즘 누구에게나 하기 좋은 질문이다. 본인이 좋아하는 넷플릭스 영상을 추천해주거나 함께 본 넷플릭스 영상에 대해 이야기를 나눠보자!

참고로, 넷플릭스와 관련해 'Netflix&Chill?'이라는 표현이 있는데, 이는 한국에서 말하는 '라면 먹고 갈래?'와 같은 의미다. 분위기를 잘 살피고 조심해야 할 표현이다! 대답을 잘못했다가 원치 않는 방향으로 분위기가 흘러갈 수도 있으니 말이다. 한편, 구글 크롬 확장프로그램을 이용해 넷플릭스 자체로 영어 공부를 할 수도 있다! 이 프로그램을 이용하면 영상에 한국어와 영어 두 가지 모두를 띄워놓고 볼 수 있기 때문이다. 넷플릭스는 영어 공부에 활용할 수 있는 측면이 많아 적극 추천하고 싶다! 단, 넷플릭스에 너무 빠져들어 일상에 지장을 초래하지 않는 선에서!

지극히 개인적인 넷플릭스 추천

1. Russian doll
2. Stranger things
3. Master of None
4. Sex Education
5. Unbreakable Kimmy Schmidt
6. Alexa & Katie
7. Explained
8. Brooklyn nine nine
9. Crazy ex girl friend
10. Orange is the new black

좋아하는 유튜브 채널 뭐야?

What do you usually watch on YouTube?

I usually watch Mukbang.

Oh, really? I rarely watch that. I'm more into sports.

Which sports do you watch?

Mostly hockey!

유튜브에서 주로 뭘 보시나요?

저는 먹방을 좋아해요.

오, 그래요? 저는 그건 잘 안 봐요. 스포츠를 더 많이 보죠.

어떤 스포츠 경기를 보나요?

주로 하키를 챙겨 봐요!

이제는 일상의 일부라 할 수 있는 유튜브 시청. 검색도 유튜브로 하는 것도 전 세계 어디나 마찬가지인 듯하다. 자신이 좋아하는 유튜브 채널을 구독하고, 매주 영상을 확인하고, 댓글을 남기고 소통하고! 많은 이들이 즐기는 매체인 만큼 유튜브도 훌륭한 대화 주제가 될 수 있다. 또한 Chapter 2에서 말했듯, 유튜브에는 영어 공부하기에도 정말 좋은 채널이 많다!

18

한국에 왜 왔어?

What brings you to Korea?

I came here for traveling at first. Then, I started to love my new life here in Seoul.

What's Seoul like?

It's a very exciting city. There are a lot of new things to see and do.

Good to hear.

왜 한국에 오셨어요?

처음엔 여행을 왔어요. 그리고 서울에서의 새로운 삶을 좋아하게 되었어요.

서울이 어떤데요?

재미있는 곳이에요. 새로운 것들을 많이 할 수 있는 게 좋아요.

좋네요.

한국에서 외국인들을 만나면 흔히 물어보는 것 중 하나가 한국에 온 이유다. 그런데 "Why did you come to Korea?"라고 너무 직접적으로 묻는다거나 만나자마자 대뜸 이런 질문을 던지면 외국인들은 정말 이상하다고 생각한다. 대화를 나누다가 한국에 대한 이야기가 나오거나 한국에서의 생활이 궁금할 때, 간접적으로 물어보자. 그들의 일상을 들어볼 수 있는 좋은 기회가 될 것이다.

19

한국에서 좋아하는 것이 무엇인지 물어보기

Hey, how's your time in Korea so far?

It's been great. I'm grateful for everything.

What do you like the most about living here?

I like many things. But I'll say my favorite is Korean food.

Oh, right. You are a foodie.

한국에서의 삶은 어때요?

정말 좋아요. 모든 것에 감사하고 있어요.

한국에서 살면서 가장 좋은 게 뭐예요?

저는 많은 것들을 좋아해요. 그렇지만 가장 좋은 건 한국 음식이에요.

아, 맞아요. '푸디'잖아요.

이 질문 역시 만나자마자 하는 건 이상할 수 있다. 한국에 대한 이야기를 이어나가고 싶을 때, 한국에 온 이유를 듣고 나서 그들의 삶이 궁금해질 때 할 수 있는 '아주 좋지는' 않지만 '괜찮은' 질문들이다. 불편한 사실 중 하나는, 한국에서 오래 거주한 외국인이라도 한국에 대해 잘 모르거나 한국의 삶에 관심이 없는 경우도 많다는 점이다. 그저 비교적 쉽게 돈을 벌 수 있어서, 그리고 본인의 나라보다 살기 좋아서 한국에 머무는 경우도 있다. 반대로 한국에 살면서 이곳에서의 삶에 매번 감사해하는 외국인들도 있다. 다만 TV에 나온 외국인들의 유난한 '한국 사랑'만 보고 모든 외국인이 그럴 거라고 생각하지 않았으면 좋겠다. 한국에 대한 관심과 사랑은 같은 외국인이라고 해도 정말 극과 극이다!

한국에 오기 전에는 어디 살았어?

🙎 Where did you live before Seoul?

🙎 I went to Bangkok as an exchange student before coming here.

🙎 What are the biggest differences you see then?

🙎 Seoul is more developed. But Bangkok is a lot cheaper.

🙎 이전에는 어디에서 살았어요?

🙎 저는 여기 오기 전에 교환학생으로 방콕에 있었어요.

🙎 가장 큰 차이점은 뭔 것 같아요?

🙎 서울은 더 발달된 도시이고, 방콕은 물가가 쌌어요.

한국에 온 친구들이라면 누구나 쉽게 대답할 수 있는 질문 중 하나다. 한국에 오기 전에 살았던 곳이 본인이 살던 고향일 수도 있고 혹은 아시아의 다른 지역이나 다른 여행 지역일 수도 있으니 말이다. 사면이 막혀 있어서 사실상 섬나라나 다름없는 한국과는 달리, 국가 간 이동이 자유롭고 넓은 땅에 사는 친구들은 다른 나라나 다른 지역에서 살아보는 걸 좋아하는 경우가 많다. 물론 일평생 여권도 필요 없고 한 곳에서 붙박이처럼 살아가는 외국인들도 있지만 그런 사람들이 지금 한국 내에서 내 옆에 앉아 있을 리는 만무하다. 전에 살았던 곳에 대한 정보나 궁금했던 것들 위주로 대화를 이어나간다면 새로운 걸 배울 수 있는 좋은 기회가 될 것이다.

21

지난 휴가는 어땠어?

What have you been up to lately? It's been a while!

Yes, it has! I went back to the States during my vacation.

How was it? Did you have fun?

Yes. It was amazing. It was great to see my family.

그동안 뭐 하고 지냈어요? 못 본 지 오래됐네요!

네 맞아요! 저는 방학 동안 미국에 다녀왔어요.

어땠어요? 좋은 시간 보냈나요?

네. 완전 좋았어요. 가족들을 모두 만나 좋았거든요.

휴가 때는 뭔가 하고 싶기 마련이다. 특히 외국인들은 휴가 때 자국의 본가에 다녀오거나 여행을 가는 경우가 많기 때문에 휴가라는 주제는 대화를 나누기에 무척 좋은 소재다. 상대방이 특정 나라에 다녀왔다고 말한다면, 그곳과 관련된 자신의 경험이나 의견, 혹은 질문들로 대화를 이어나갈 수 있다. 또는 그 나라의 어떤 점이 좋았는지 어느 도시를 방문했는지 등 연관된 질문들로 대화를 풀어갈 수도 있다. 휴가 때 서로에게 있었던 재미있는 일들을 묻고 답하며 흥미진진한 대화를 이어나가보자!

여행한 곳들이 어디야?

 Do you like traveling?

 Yes, I love it.

 How many countries have you been to?

 Maybe around 20. Mostly in Asia. It's a wonderful experience every time.

 여행하는 거 좋아해요?

 좋아요.

 여태까지 몇 개의 나라를 여행했어요?

 20개 정도 될 거예요. 대부분 아시아 지역에서요. 매번 멋진 경험이지요.

한국에 온 외국인들이라면 평소에 여행하는 걸 좋아하거나, 혹은 한국에 있으면서 주변 아시아 국가들을 여행하는 경우가 많다. 특히 북미 지역 출신들은 비행기로 몇 시간을 가도 자기네 나라 다른 지역에 도착하는 것이 고작인데, 한국에서는 가보고 싶었던 다른 아시아 지역에 저가 항공으로 쉽게 갈 수 있어서 좋아한다. 특히나 여행과 관련된 대화는 언제 어디서나 다채롭게 풀어나갈 수 있어서 좋은 것 같다. 가장 좋았던 곳, 혹은 안 좋았던 곳, 거기서 했던 것들이나 먹었던 것들, 인상적인 것들 등등. 무난하게 이야기해나갈 수 있는 주제로 여행을 택해보자!

다음 여행지/휴가는 어디로 갈 거야?

What are you going to do for the holiday?

I might go to Jeju island.

Jeju is always nice. Especially in this beautiful weather!

Definitely! I'd love to try surfing this time.

다음 휴가 때는 어디 갈 거예요?

저는 제주도에 갈 것 같아요.

제주도는 항상 좋죠. 특히 이렇게 날씨 좋을 때는 말이에요!

맞아요! 이번에는 서핑을 해보고 싶어요.

여행의 매력은 새로운 곳에서 새로운 무언가를 할 수 있다는 점이다. 자신이 태어나고 자란 곳을 벗어나 완전히 새로운 무언가를 경험하는 것. 외국인의 입장에서는 한국이 그런 곳인 듯하다. 자신의 출신 나라가 아닌 아름다운 한국에서 새로운 경험을 해보고 매일을 여행하듯이 살고 싶어하는 친구들이 참 많다. 정말 활동적인 친구들 중에는 매 주말마다 한국 곳곳을 여행하면서 한국은 가볼 곳이 참 많다고 하는 친구들도 있었다. 그런 경우가 아니더라도, 휴가나 공휴일이 껴 있는 황금연휴에는 무조건 한국의 다른 지역으로 여행을 떠나는 친구들이 많다.

다음 여행지나 휴가지에 대해 물어보면서 자연스럽게 대화를 이어 나가보자. 거기서 무얼 하면 좋은지 나만의 꿀팁을 주어도 좋고, 거기에 왜 가고 싶은지, 가서 무엇을 할 계획인지, 혹은 다음 휴가지로 좋은 곳 등등. 한국의 여행지들에 대해 한국인의 입장에서 소개해주거나 조언해준다면 참 좋아할 것이다. 휴가와 여행은 언제나 즐거운 일이니까!

좋은 하루/주말 보내고 있는지 문자 주고받기

Hey, how's your weekend going?

Hey, it's going good. Just chill so far.

Are you free today?

Yeah, I'm free. Would you like to get together later?

Cool! What do you want to do?

I have no idea. Why don't you come to my house and we'll think of something?

안녕, 좋은 주말 보내고 있어?

안녕, 아주 좋아. 나 그냥 쉬고 있어.

오늘 시간 있어?

응, 괜찮아. 오늘 같이 만나서 뭐 할래?

좋아. 뭐 하고 싶어?

모르겠어. 우리 집에 와서 같이 생각해볼래?

한국인들 사이에 '카톡'이나 문자는 일상의 큰 부분을 차지하는 듯하다. 특히나 연인 사이라면 아침에 일어나서부터 잠자리에 드는 순간까지 휴대전화를 놓지 않고 끊임없이 연락을 주고받는다. 그에 반해 외국인들은 휴대전화를 항상 가지고는 있지만, 톡을 보내거나 연락을 계속 하는 걸 이상하다고 생각한다. 직접 만나거나 통화하는 걸 더 선호하기 때문이다. 앞의 대화는 너무 일상적인 것을 물어보긴 좀 저어되는 상황에서 가끔 '뭐 해?'라고 묻고 싶을 때 쓸 수 있는 표현들이다. 오늘 하루 잘 보내고 있어? 혹은 이번 한 주 잘 보내고 있어? 좋은 주말 보내고 있어? 이런 식으로 캐주얼하게 물어보면서 대화를 시작해보자. 포인트는 한국식으로 너무 자주 톡을 하지 않는다는 것. 외국인들은 너무 잦은 연락은 부담스러워하고, 이상하다고 여긴다!

오늘 뭐 했는지 문자 주고받기

How was your day?

It's going good. I watched a movie.

How was it?

It was pretty boring. When do you get off work?

I get off work at 6.

오늘 하루 어땠어?

괜찮았어. 영화 봤어.

영화 어땠는데?

꽤 지루했어. 오늘 일은 언제 끝나?

나는 6시에 끝나.

외국인들은 연인 사이에 문자를 잘 보내지 않는다!

첫 외국인 남자 친구를 사귀었을 때의 일이다. 단어 위주로 영어를 떠듬떠듬 말할 때라 소통이 어려웠지만, 그 사람의 따뜻한 마음은 금방 알 수 있었다. 그래서 만나게 되었다. 그런데 연락도 진짜 뜸하고, 아주 가끔 '좋은 하루 보내!'라고 하거나 만나기로 한 날에만 '어디서 볼래?'라고 묻는 식이었다. 아침에 일어나면 아침인사를 하고, 지금 먹고 있는 건 무언지 수시로 물어보고, 잠자기 전에도 전화통화를 하면서 시시콜콜한 일상을 공유하는 한국인 남자 친구들과는 달라도 너무 달랐다. 결국 나한테 관심이 하나도 없구나 하는 생각에, 이 친구가 나를 별로 좋아하지 않는 줄 알고 헤어졌다. 그런데 알고 보니 외국의 연인들 사이에서는 이런 쿨한 연락이 너무나도 흔한 패턴이었다. 심지어 시시콜콜 연락하는 걸 당연하게 생각하는 한국인들의 연애 스타일에 대해 상대방의 시간을 존중해주지 않는다며 너무 심하다고 생각하는 경우도 있다. 연락이란 주제는 외국인 연인을 만날 때 제일 먼저 조심해야 할 부분이다! 연락 빈도수나 내용에 연연해하지 않고 상대방의 사생활을 더 존중해주는 게 우리와는 다른 문화다!

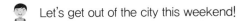

같이 놀러가자!

Let's get out of the city this weekend!

That's a good idea. I'm getting sick of being here.

How about camping?

That sounds terrific! Let's invite all of our friends.

This is going to be fun. I can't wait!

이번 주말에 놀러가자!

좋은 생각이야. 여기에만 있는 거 지겨워.

캠핑 가는 거 어때?

완전 좋아! 친구들 다 초대하자.

재미있겠다. 기다릴 수 없어!

27

토요일에 만날래?

Are you free this Saturday?

Yes. What's up?

I'm going to my friend's party on Saturday. Do you want to be my plus one?

I'd love to. When would you like to meet?

Is 7 tomorrow good for you?

Sure. Sounds good.

이번 주 토요일에 시간 있어?

응. 왜?

토요일에 친구네 파티 가거든. 나랑 같이 갈래?

너무 좋아. 언제 만날까?

내일 7시 괜찮아?

응, 좋아.

28

인스타그램 계정이 뭐야?

Do you have Instagram?

Sure, I'll let you know my ID. You can follow me.

Cool. Do you use it often?

Of course. I'm so addicted. It's my life these days.

인스타그램 있어요?

물론이죠. 알려드릴게요. 저를 '팔로우' 할 수 있어요.

좋아요. 자주 사용하시나요?

물론이죠. 완전 중독이에요. 요즘 저의 모든 삶이에요.

인스타그램 꼭 하세요!

요즘은 전화번호를 묻기보다 한결 캐주얼하고 편한 소통수단인 SNS계정을 물어보고 헤어지는 경우가 많다. 그중에서도 제일 많이 쓰는 소셜미디어 플랫폼으로 인스타그램을 빼놓을 수 없다! 인스타그램에서 팔로우하고 댓글을 남기며 소통하는 건 물론이고, DM을 통해 직접 연락을 하는 경우도 많다. 그렇기에 외국인 친구를 만나고 헤어지기 전에 꼭 물어봐야 할 것이 바로 인스타그램 계정이다! SNS를 통해 그 사람의 생각이나 일상을 알 수 있고, 그리고 이를 통해서 새로운 만남이나 이야기가 이어지기도 하기 때문이다(자세한 내용은 '인스타그램으로 친구 사귀기' 참조!). 비록 내 계정에 사진이 많이 없더라도, 외국인 친구들과 소통하는 수단으로, 그리고 그들의 일상을 보면서 공유하고, 다른 영어 계정들을 보면서 영어 공부도 할 수 있으니까! 인스타그램 꼭 하세요!!

같이 맛집 가자!

Do you want to grab something to eat?

Sure. What do you want to eat?

It's up to you.

I am craving pizza.

Sounds good to me. I know a good place and it's not too expensive.

Yum. Let's go asap!

뭐 좀 먹을래?

좋아. 뭐 먹을래?

네가 먹고 싶은 거 아무거나 괜찮아.

나는 피자가 땡겨.

좋아! 진짜 괜찮고 가격도 합리적인 곳을 알아.

맛있겠다. 지금 바로 가자!

같이 카페 가자!

 Hey, do you want to get a coffee?

 Sure. Do you know any good cafes around here?

 I know a cute cafe across the street.

 Perfect.

 커피 마실래?

 물론. 좋은 카페 알아?

 길 건너 좋은 카페를 알아.

 완전 좋아.

외국인들이(특히 여자 외국인 친구들이) 좋아하는 것 중 하나가 바로 한국에는 예쁘고 좋은 분위기의 카페가 셀 수 없이 많다는 것이다. 스타벅스 같은 전 세계 체인 카페에서도 돌체라떼 같은 한국에만 한정된 음료들이 있는 건 물론이고, 예쁜 사진을 찍어서 올릴 수 있는 인스타그램용 카페들도 참 많다! 특히 커피는 대부분의 외국인들이 좋아하는 음료이고, 때로는 한국 전통 스타일의 차를 전통적인 분위기 속에서 마셔보고 싶어하는 외국인 친구들도 있다. 같이 밥을 먹는 건 부담스러울 수 있지만 커피나 차를 마시면서 놀자고 하는 건 한결 가볍게 제안해볼 수 있다.

31

우리 이제 뭐 하지?

I'm bored. Let's do something!

What do you wanna do?

I don't know. Anything is fine.

You wanna play some sports?

No, I don't want to play any sports. I don't want to run around and get sweaty.

Yes, it's kinda hot. We can go eat brunch.

지루해. 뭐 하지?

뭐 하고 싶은데?

몰라. 아무거나 괜찮아.

운동하고 싶어?

아니, 운동은 하고 싶지 않아. 뛰어다니면서 땀 흘리고 싶지 않아.

맞아, 오늘 좀 더워. 우리 브런치 먹으러 가자.

32

같이 브런치를 먹으면서

What do you recommend for brunch?

Hmm. The pancakes are good.

What else?

Scrambled eggs with toast makes a good brunch.

That sounds good. But I prefer sunny side up eggs.

브런치로 뭐 먹을까?

음. 팬케이크 괜찮아.

다른 건?

토스트랑 스크램블 에그가 브런치로 좋지.

맛있겠다. 그런데 나는 반숙 계란이 더 좋아.

33

같이 술 마시러 가자!

I'm exhausted today.

Wanna go for a drink?

Sure. Do you have a go-to pub?

Yes, I know a good place in Mullae.

나 완전 힘들어

술 마시러 갈래?

좋지. 가고 싶은 펍 있어?

응, 문래에 괜찮은 곳이 있어.

같이 술 마시면서

Let's get more happy hour drinks!

You had a lot already! Are you drunk?

No, I'm just tipsy.

Are you sure? I just hope you are not wasted!

I'm a 100% sure that I'm not drunk.

해피아워 음료 더 마시러 가자!

너 이미 많이 마셨잖아! 취했어?

아니, 그냥 조금 알딸딸해.

확실해? 너가 꽐라 되지 않았음 좋겠어!

나 완전 안 취했어.

술에 취한 단계에 따라 할 수 있는 표현들

- ☑ tipsy
- ☑ buzzed
- ☑ loaded
- ☑ smashed
- ☑ pissed
- ☑ hammered
- ☑ wasted

앱에서 친구 사귀기

Hey, you look great in this picture!

Hey, thanks. What's up?

Not much. Just working. Where do you live?

I live in Jamsil in Seoul.

Cool. We live very close!

안녕, 네 사진 멋지다!

안녕, 고마워. 뭐 해?

그냥. 일하고 있어. 어디 살아?

나는 잠실 살아.

우리 진짜 가깝다!

앱에서 처음 대화를 시작하기 위해서는 서로 매칭이 되어야 하는 경우가 많다. 간단하게 사진만 보고 결정할 수도 있고, 아니면 그 사람의 성향과 관심사 및 소개들을 자세히 살펴볼 수 있도록 되어 있는 경우도 있다! 처음 온라인상에서 만났을 때는 이렇게 간단하고 캐주얼한 대화들로 시작하는 경우가 많다. 초반부터 너무 깊은 대화는 하지 말고 서로를 조금씩 알아가면서 나랑 잘 맞는 친구인지 아닌지 파악하는 게 중요하다!

36

앱에서 자연스러운 대화하기

 Hey, how's your day going?

 I was about to message you. I'm bored AF. Wanna meet up?

 Love to. I'll get back to you as soon as I know when I'm good to meet.

 Yes, please. Looking forward to seeing you.

 안녕, 오늘 하루 어떻게 보내고 있어?

 너한테 연락하려고 했었는데. 나 완전 지루해. 만날래?

 너무 좋지. 언제 괜찮은지 알면 바로 연락할게.

 응, 그렇게 해줘. 만나길 기대하고 있어.

37

외국인들과 이벤트 참여하기/ 액티비티 함께하기(마이서울가이드)

Hey, did you come here alone?

Yes, I just know the host.

Same here. Do you know what we will do today?

I'm not sure but I just heard that we will have a tea party.

안녕, 여기 혼자 왔어?

응, 나는 여기 이벤트 호스트만 알아.

나도야. 오늘 뭐 하는지 알아?

잘 모르겠는데 오늘 함께 차 마실 거라고만 들었어.

216

외국인들과 함께하는 이벤트나 액티비티, 혹은 파티나 모임에서 낯선 상대방에게 말을 걸 때 쓸 수 있는 표현 중 하나다. 특히나 옆에 친구나 동료들이 없는 것 같아 보일 때, 이런 식으로 얘기하면서 말을 걸 수 있다. 이때 중요한 것은, 이상한 눈빛과 몸짓을 하며 슬며시 다가가면 안 된다는 점이다. 그냥 캐주얼한 일상 대화를 하듯이 다가가 말을 걸면 된다. Pervert(변태) 혹은 Weirdo(이상한 사람)과는 이야기하고 싶지 않은 게 당연지사다. 내가 진심을 담아 그리고 나의 좋은 의도를 담아 그들에게 다가간다면 이야기하기가 한결 수월해질 것이다!

38

한국 여행 가기

🧑 I'm planning my trip to Busan.

👩 When will you go? I want to come!

🧑 That'd be great. When is good for you?

👩 I'm free anytime!

🧑 나 부산여행 가려고.

👩 언제 가는데? 나도 같이 가고 싶어!

🧑 완전 좋아! 언제가 괜찮아?

👩 언제든지 좋아!

외국인에게 궁금한 것
조심스럽게 물어보기

May I ask you a personal question?

Go ahead.

Why can't you speak Korean at all?

To be honest, I don't need to use Korean since
I live in Seoul.

개인적인 질문 물어봐도 돼?

해도 돼. 뭔데?

왜 한국어 아예 못해?

솔직히 말하면, 서울에 살면서 한국어를 쓸 일이 없어.

외국인들에 대한 불편한 진실 중 하나. 실제로 한국어를 할 줄 아는 외국인이 많이 없다는 사실! 특히나 영어권에서 온 네이티브들이라면 더더욱 찾아보기 힘들다. 이는 한국에서 영어만 해도, 그리고 아주 기본적인 한국어만 해도 살아남는 데 아무런 지장이 없기 때문이다! 그들은 한국에서 대부분 영어를 가르치는 일을 하고 있기 때문에 당연히 영어만 쓰고 같은 외국인 친구들과 놀면서 한국어를 익힐 기회를 굳이 마련하지 않는 경우가 많다. TV를 보면 한국어를 잘하는 외국인들도 많다고? 그건 그런 외국인들만 섭외했기 때문이다. 우리도 영어를 얼마나 공부했는지에 따라 영어 스피킹 레벨이 결정되는 게 아니듯이, 한국에 오래 있었던 외국인이라고 해서 한국어를 잘하는 게 절대 아니라는 걸 꼭 염두에 두자!(슬픈 사실이지만)

SNS 사진 보고 대화 시작하기

No way! Did you go to LA last summer?

Yes, I did. This picture is me with some friends I met there.

You look great! You were even tanned!

Thanks. I went to the beach every day.

말도 안 돼! 너 지난 여름에 LA 갔어?

응. 그때 만났던 친구들이랑 찍었던 사진이야.

너 완전 예쁘다! 이때 살도 많이 태웠네!

고마워. 매일 바다에 갔거든.

41

한국 기념품 사러 가기

👤 When are you leaving?

👩 Next Wednesday. Can you help me to find a good souvenir?

👤 No problem. What do you want to buy?

👩 Not sure yet. But I guess some traditional stuff.

👤 언제 너네 나라로 돌아가?

👩 다음주 수요일. 좋은 기념품 사는 거 도와줄래?

👤 물론이지. 뭐 사고 싶어?

👩 아직 잘 모르겠어. 그런데 무언가 전통적인 것이면 좋겠어.

K뷰티에 대해

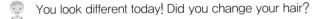

🧑 You look different today! Did you change your hair?

👩 Can you recognize it? Yes, I just dyed my hair.

🧑 It looks good on you. Very natural and pretty!

👩 Thanks.

🧑 오늘 뭔가 달라 보인다! 머리 했어?

👩 알아볼 수 있겠어? 나 머리 염색했어.

🧑 너한테 잘 어울려. 자연스럽고 예뻐!

👩 고마워.

실생활 한국어 알려주기

Oh, man! I almost got hit by a car on my way to work today.

Be careful. By the way, do you know how to say 'Be careful' in Korean?

I have no idea. What is it?

It's 'Jo shim hae'.

나 오늘 일하러 오다가 차에 치일 뻔했어.

조심해. 그런데, 'Be careful'을 한국어로 어떻게 말하는지 알아?

모르겠어. 어떻게 하는데?

'조심해'라고 하면 돼.

한강 놀러가기

What's the weather like today?

It's really nice out today. Let's have a picnic!

Sounds great! Where should we go?

Let's go to the Han river! We should get some delivery food.

오늘 날씨 어때?

밖에 날씨 완전 좋아. 피크닉 가자!

완전 좋아! 어디로 가지?

한강 가자! 배달 음식 시켜 먹자.

45

시장 놀러가기

 Do you know any traditional market around here?

Yes. My favorite one is Tongin market near Gyungbokgung.

I like to check it out! Do you work tonight?

No, I don't. Will you be home by 7?

Ya, I should be. See you soon!

근처에 전통 시장 괜찮은 곳 아는 데 있어?

응. 내가 좋아하는 곳은 경복궁 옆에 있는 통인시장이야.

가보고 싶다! 너 오늘 밤 일해?

아니. 우리 같이 가자! 7시까지 집에서 볼 수 있어?

응, 그럼. 곧 만나!

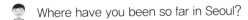

서울에 대해 알려주기

46

🧑 Where have you been so far in Seoul?

👦 I've been to many good places. Most of the main areas like gangnam and hongdae.

🧑 Fair enough. Have you ever heard of Seoul Fortress Wall?

👦 No, I haven't. What's that?

🧑 You can go hiking around Seoul Fortress!
I highly recommend it.

🧑 서울에서 어디 가봤어?

👦 나는 좋은 곳에 많이 갔어. 대부분 강남이나 홍대 근처였어.

🧑 그렇구나. 서울 성곽도 들어봤어?

👦 아니. 그게 뭐야?

🧑 서울 성곽 주변으로 등산할 수 있어. 완전 추천해.

한국 현지인들만 알 수 있는 정보들, 즉 요즘 유행하는 장소나 정보라든지 나만 알고 있는 우리 동네 유명한 것들을 알려주면서 대화를 이어가보자! 한국에 있는 외국인들이라면 누구나 이런 정보를 기꺼이 반길 것이다!

외국인 친구 만날 때 조심하기(취향 존중)

I can't go to this restaurant, sorry.

What? Why can't you eat here?

It's because I'm a Vegetarian.

Oh, sorry. I totally forgot.

여기서 못 먹겠어. 미안해.

왜? 왜 못 먹어?

나 채식주의자잖아.

오, 미안해. 그런데 완전 잊어버렸어.

외국인 친구 약속 시간 확인하기

🙂 Will Riley be there on time?

🙂 Yes, she will. She's never late. What's your ETA?

🙂 I'm on my way now. I'll be there 7ish.

🙂 Okay, see you there!

🙂 Riley가 제 시간에 온대?

🙂 응, 그럴 거야. 늦은 적이 없거든. 너는 몇 시에 도착해?

🙂 나 지금 가는 중이야. 7시쯤 도착할 거야.

🙂 좋아, 거기에서 보자!

이런 외국인들은 조심하세요!

What's new with you?

I've got a new place. Wanna come over?

Are you serious? We've never even met.

Yes, I'm serious.

어떻게 지내?

나 새로 이사했어. 놀러올래?

장난해? 우리는 톡만 한 번 했었잖아.

응, 나 진지해.

외국인 친구들을 만나는 방법 중 하나가 친구 사귀기 앱을 통한 만남이다. 내가 어떤 사람을 만나느냐에 따라서, 앱을 어떻게 잘 활용하느냐에 따라서, 좋은 외국인 친구들을 만나고 실제로 결혼까지 이어지는 경우도 종종 봤다. 우리가 친구를 사귈 때 이야기를 해보면 그 사람을 파악하고 알 수 있듯이, 앱을 통해서도 나랑 잘 맞는 사람인지 아닌지 대화를 통해 파악할 수 있다. 만일 말과 행동이 다른 사람이라고 해도 실제로 만나보면 그 사람이랑 나랑 잘 맞는지 본능적으로 알 수 있을 것이다.

앱에서 몇 마디 나눈 게 전부인데 본인의 집으로 초대하는 외국인 친구라면 무조건 거절하는 게 좋다! 성적 쾌락만 즐기기 위해 앱을 이용하는 경우일 수 있다. 한국인이든 외국인이든 상대방을 진정 아끼고 좋아한다면 그 사람이 싫어하는 건 절대 하지 않는 법이다. 그리고 더욱 존중의 마음을 담아 행동한다는 걸 꼭 기억했으면 좋겠다!

다시 만날 약속 잡기

 I had lots of fun with you today.

 Same here. When can I see you again?

 I'm free next weekend.

 Let's talk soon. Good night!

 오늘 너랑 완전 즐거운 시간 보냈어.

 나도 마찬가지야. 우리 언제 다시 보지?

 나는 다음주 주말에 괜찮아.

 다시 연락할게. 좋은 밤 보내!

모든 대화와 만남을 마치고 헤어지기 전에 하는 표현들이다. 오늘 어땠는지에 대해 이야기하고, "조만간 만나자"라면서 자연스럽게 대화를 끝낼 수 있다. 마지막엔 주로 악수를 하거나 포옹을 하면서 끝인사를 한다. 마지막 끝인사까지 완벽히 마치고 나면, 다음 만남의 기회가 더 많이 생길 것이다.

외국인 친구와 함께하는
왕초보 영어 공부법

초판 1쇄 발행   2020년 7월 31일

지은이   이소연
영어 감수   Greg Bessette
펴낸이   소빈호
편집   김시경
마케팅   조민호
디자인   김규림

펴낸곳   윌링북스
출판등록   제2019-000073호
주소   경기도 고양시 일산동구 중앙로 1124 (101-2506)
전화   02-381-8442
팩스   02-6455-9425
이메일   willingbooks@naver.com

© 이소연 2020

ISBN 979-11-967006-4-5 13740